도와 함께하는
행복과 성공

경봉대선사 법어집

김현준 엮음

효림

도와 함께하는 행복과 성공 (경봉대선사 법어집)

초 판	1쇄 펴낸날	2016년 6월 15일
	3쇄 펴낸날	2023년 8월 21일

엮은이　김현준
펴낸이　김연지
펴낸곳　효림출판사

등록일　1992년 1월 13일 (제2-1305호)
주　소　서울시 서초구 반포대로14길 30, 907호 (서초동, 센츄리I)
전　화　02-582-6612, 587-6612
팩　스　02-586-9078
이메일　hyorim@nate.com

값 5,500원

ⓒ효림출판사 2016
ISBN 979-11-87508-00-7　03220

※ 파본이나 잘못 만들어진 책은 바꾸어 드립니다.
　이 책은 저작권법에 따라 보호를 받는 저작물이므로 무단전재와 무단복제를 금지합니다.

책을 펴내며

2012년 7월, 경봉스님의 탄신 120주년과 열반 30주년을 맞이하여, 통도사와 문도회에서는 각종 기념행사를 전개하였고, 스님의 유발상좌인 저 또한 스님에 대한 감사와 그리움이 가득하여져서, 월간 「법공양」에 스님의 법문을 6회 동안 연재하였습니다.

스님께서 생전에 남겨 놓으신 각종 법문 가운데, 이 시대를 살고 있는 사람들이 매우 중시하고 있는 행복과 성공, 행복과 성공의 밑거름이 되는 도道에 대한 것들을 가려뽑고 엮어 연재를 한 것입니다.

그때 구수하고 뼈 있는 스님의 법문에 대한 독자들의 반응은 참으로 좋았고, 단행본으로 만들어 보급하라는 요청도 많았지만 차일피일 미루다가, '올해 스님의 기일인 7월 17일 이전에는 꼭 발간하겠다'는 작정을 하고 새롭게 글을 다듬었습니다.

그리고 크게 두 단락으로 나누어 제1편에서는 '삶의 행복과 성공'에 대한 법문을, 제2편에서는 '삶과 도'에 대한 글을 실었습니다.

10대부터 한결같이 마음속에 흐르고 있고 나의 주춧돌이 되고 있는 경봉스님과 그 법문들. 스님 정말 감사합니다. 앞으로도 늘 기억하고 새기며 살겠습니다.

끝으로 이 책을 발간하는 모든 공덕들을 스님의 문도와 이 책을 읽는 분들의 깨달음에 회향하옵니다.

불기2560년 6월 초순에
김현준 분향

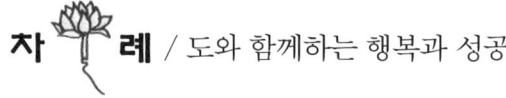 / 도와 함께하는 행복과 성공

· 책을 펴내며 · 3

제1편 삶의 행복과 성공 · 9

Ⅰ. 행복과 성공 무엇에서 비롯되는가 · 10

- 일상생활 속에 가득한 행복 · 11
- 복은 바른 마음에 깃든다 · 16
- 소아小我의 고개를 넘어야 성공한다 · 23
- 성공은 깨어 있는 정신으로 정성을 다하는 데서 · 32

Ⅱ. 어떤 복을 지어야 잘 사는가 · 40

- 복 짓는 법 · 41
    1) 공경삼보 · 44
    2) 효행부모 · 45
    3) 급사병인 · 48
    4) 구제빈궁 · 51
- 복의 힘이 으뜸이다 · 54

차례 / 도와 함께하는 행복과 성공

Ⅲ. 육미탕, 행복과 성공을 위한 처방 · 58
　· 진심으로 살자 · 59
　· 육미탕六味湯 · 66
　　　1) 신심信心 · 67
　　　2) 말조심一兩 · 71
　　　3) 망상조심 · 72
　　　4) 무집착無執着 · 74
　　　5) 명랑明朗 · 80
　　　6) 인진忍進 · 82

제2편　삶과 도 · 89

Ⅳ. '나'의 참생명은 도道 · 90
　· 삶 속에 도가 있다 · 91
　· 무상無常한 인생살이 · 95
　· 자성이 곧 부처 · 102

차 례 / 도와 함께하는 행복과 성공

V. 주인공을 찾아라 · 109
- '나'의 참된 주인공은? · 110
- 신찬선사와 스승 이야기 · 114
- 연꽃 같은 주인공 · 120

VI. 참선, 주인공을 찾는 방법 · 126
- 이 무엇고 화두 · 127
- 화두 공부할 때 주의할 점 · 136
- 화두 드는 법 · 141

· 경봉대종사 연보 · 150

제 1 편

삶의 행복과 성공

I
행복과 성공 무엇에서 비롯되는가

일상생활 속에 가득한 행복

불자라면 누구나 익히 알고 있는 『금강경』의 첫 머리는 다음과 같이 시작된다.

이와 같이 나는 들었다. 어느 때 부처님께서는 사위국의 기수급고독원에서 천이백오십 인의 큰비구 제자들과 함께 계시었다.
이날도 세존께서는 공양시간이 되자, 가사를 입으신 뒤 바루를 들고 사위성으로 가셔서 한집 한집 차례대로 밥을 빌어 마치시고 본처로 돌아와 공양을 하시었다. 그리고 가사와 바루를 제자리에 정돈해 놓으시고 발을 씻은 다음

자리를 펴고 앉으셨다.

무엇 때문에 이 소중한 경전에, 그것도 경전의 첫머리에, 가사 입고 바루 들고 밥을 빌어 잡수시고, 밥을 잡수신 다음 가사와 바루를 정돈하고, 발 씻고 자리를 펴고 앉는 것을 묘사해 놓은 것인가?

『금강경』을 읽는 사람들은 이 부분을 예사로 넘기고, 공부하는 불자들도 이 부분에 대해서 깊이 생각을 하지 않는다. 무엇 때문에 가사를 입고, 걸식하고, 밥 먹고, 발 씻고, 자리를 펴고 앉는 내용을 경전의 첫구절에 넣었는지? 그 까닭을 모른 채 그냥 넘어간다.

왜 『금강경』의 첫머리에 이 구절을 넣은 것인가?

진리가 바로 그 속에 있기 때문이다. 도가 바로 옷 입고 밥 먹고 발 씻는 데 있기 때문이다. 어찌 일상생활을 제쳐놓고 진리가 따로 있겠는가? 일상생활이 그대로 불법이고 도요 진리라는 것을 일깨워 주기 위해 경전의 첫머리에 이 구절을 넣은 것이다.

도와 진리가 어디에 있는가?
불법이 어디에 있는가?
눈이 서로 마주치는 곳에 도가 있고, 소리 한 번 지르는 가운데에 도가 있고, 밥 짓고 옷 만들고 농사 짓고 장사를 하는 가운데 도가 있고, 옷 입고 밥 먹고 대소변 보는 가운데 도가 있다. 도를 모르니까 따로 도를 찾지, 실은 삶 가운데 도가 있는 것이다.

우리가 그토록 좋아하는 행복도 마찬가지이다. 행복은 특별한 곳에 있는 것이 아니라 어디에나 있다. 일상생활 속에, 밥 먹고 옷 입고 대소변 보는 그 속에 행복이 깃들어 있다. 밥하고 일하고 공부하고 살아가는 그 속에 행복이 있는 것이다.

그런데 왜 '나'는 그 복을 보지도 느끼지도 누리지도 못하며 사는 것인가? 바로 탐욕과 성냄과

어리석음이라는 탐貪·진瞋·치癡 삼독三毒으로 내 눈앞을 가리워 버렸기 때문에 보지 못하는 것이다. 바르지 못한 생각으로 내 속을 채우고 있기 때문에 보지도 느끼지도 누리지도 못하는 것이다.

그리고는 오히려 나만 불행하고 나만 힘들게 사는 듯이 우울하게 생각하며 살아간다.

만약 일상생활에서 복을 느끼며 살고 복을 누리며 살고자 한다면 무엇보다도 바르게 살아야 한다. '바를 정正' 자로 살아야 하는 것이다.

가만히 사람의 얼굴을 관찰 해보아라. 사람의 두 눈은 옆으로 길게 이어져 있고, 코는 아래로 쭉 뻗어 있으며, 코 양쪽으로는 두 귀가 반듯하게 붙어 있다. 그리고 코 밑의 입은 '한 일一' 자를 이루고 있다. 곧 얼굴에 '바를 正' 자가 쓰여 있는 것이다.

과연 얼굴에 '바를 正' 자가 쓰여 있는 까닭이 무엇인가? '바르게 살라'고 눈·코·귀·입이 바를 정자를 이루고 있는 것이다.

그러므로 인간은 바르게 살아야 한다. 바르지 않으면 행복이 깃들지도 않고 행복할 수도 없다. 아무리 힘들고 어려운 처지에 빠져 있다 할지라도, 삼독심을 좇아가서 그릇된 길로 빠져들거나 나쁜 짓을 하여서는 아니 된다.

너무나 견디기 힘든 역경 속에 있을지라도, 바르게 생각하고 바르게 살고자 노력할 때에 불행이 물러나고, 그 자리에 행복이 깃들게 되는 것이다.

잠깐 복받는 옛이야기 하나를 살펴보자.

복은 바른 마음에 깃든다

❀

　조선시대 후기의 선비인 정원용鄭元容(1783~1873)은 양반집에서 태어나 어린 나이에 결혼을 하였는데, 부모님을 일찍 여의게 되었다. 그는 과거를 보기 위해 열심히 글을 읽었다.
　장사도 하지 않고 농사도 짓지 않고 글만 읽고 있으니 물려받았던 재산은 차츰 없어져 버렸고, 팔 수 있는 가재도구까지 모두 처분하였으므로 마침내는 끼니를 이을 수 없을 정도로 궁색하게 되었다.
　그의 나이 20세가 되었을 때이다. 하루는 사랑

방에서 글을 읽다가 어찌나 배가 고프던지, 아내에게 먹을 것이 없는지를 물으려고 안방의 문을 열고 들어섰다. 그런데 아내가 무엇인가를 먹다가 무릎 밑으로 황급히 감추는 것이었다.

'아무리 배가 고프더라도 부부간이라면 밤 한 톨이라도 나누어 먹어야 하는 것이 아닌가? 그런데 혼자 무엇인가를 먹다가 감추다니? 원, 이럴 수가 있나!'

잔뜩 속이 뒤틀린 정원용은 뒤돌아서서 나오다가 다시 안방으로 들어가 아내를 나무라기 시작했다.

"여보, 아무리 작은 것이라도 서로 나누어 먹어야 할 형편인데 도대체 무엇을 먹었길래 다리 밑으로 감추었소? 당신이 어찌 그럴 수가 있소?"

아내가 나무라는 남편을 한참동안 물끄러미 쳐다보다가 눈물을 글썽이며 말하였다.

"요즘 들어 나에게 무엇을 주셨나요? 돈을 주셨나요? 쌀을 주셨나요? 아무것도 주지 않았으면서 무엇을 먹는다고 그리도 야단입니까? 사방을 둘

러봐도 먹을 것은 없고 어찌나 배가 고프던지, 녹두가루로 만든 비누가 그릇에 조금 붙어 있기에 그것도 곡식이라고 빨고 있었습니다. 바로 그때 당신이 들어온 것입니다. 너무 부끄러워 말은 못 하고, 당신이 민망해할까 봐 무릎 밑에 감추었습니다. 자, 이게 그것이니 빨아 봐요. 어디 무엇이 붙어 있는가?"

그 말을 듣는 순간 자신의 배고픈 생각은 어디론가 달아나버렸고, 가슴이 터질 듯이 쓰리고 아파졌다.

'얼마나 배가 고팠으면 그것도 곡식이라고 빨았을까? 남의 집안 귀한 딸을 데려다가 저리도 배를 주리게 하였다니! 나는 사람도 아니다…. 무엇을 해야 아내를 굶주리지 않게 할 수 있을까? 어찌해야 되지?'

사랑방에 틀어박혀 곰곰이 생각을 해보았지만 신통한 방법이 떠오르지 않았다. 땅이 없으니 농사를 지을 수도 없고, 돈이 없으니 장사를 할 수도 없는 처지였다. 그러다가 마지막에 작정한 것이

도둑질이었다.

그러나 막상 하려고 작정한 도둑질조차 어떻게 해야 하는지가 떠오르지 않았다. 담장이 높은 집에는 들어갈 수 없었으므로, 울타리도 담도 없는 집에 무작정 들어가 도둑질을 하리라 마음먹었다.

그날 밤 사방이 어두워지자, 정원용은 동네를 돌아다니기 시작했다. 양반들이 사는 동네라, 대부분 담장들이 높아 어찌 해 볼 도리가 없었는데, 한참을 다니다 보니 울타리도 담장도 없는 집이 하나 보였다. 몰래 들어가 보니 뒷마루에 무엇인가가 담겨져 있는 자루가 하나 보였고, 손으로 만져보니 나락[벼]이 한 말 쯤 들어 있는 것 같았다.

"옳다. 이것이면 됐다."

정원용이 그 나락자루를 어깨에 매고 황급히 집으로 돌아와서 자루를 막 내려놓으려는데, 한 생각이 뇌리를 치는 것이었다.

'울타리도 담도 없는 그 집도 먹을 것이 없어 이 나락을 식량으로 구해 놓았을 것인데 내가 훔쳐

왔으니…. 그럼 그 사람들은 무엇을 먹나? 굶어 죽으면 죽었지, 어떻게 이것을 먹겠나? 이런 짓은 절대로 하면 안 된다.'

본래의 마음자리로 돌아온 정원용은 나락자루를 다시 그 집에 갖다 놓고 집으로 돌아왔다.

'도둑질을 하려고 해도 생각이 용납을 하지 않는구나. 이제 정말 어떻게 해야 하나? 나도 나지만, 저 불쌍한 아내는 어떻게 하나?'

잠을 이루지 못한 채 깊이 근심을 하고 있는데, 홀연히 허공에서 소리가 들려왔다.

"정원용아, 이제 복 받아라!"

꿈도 아닌데, 그 소리는 너무나 또렷하게 들렸다. 하지만 좋은 일이 생겨날 건더기가 도무지 떠오르지 않았다. 그런데 이튿날이 되자 동네사람들이 모여 의논을 시작한 것이다.

"정원용 내외를 저대로 놔두면 틀림없이 굶어 죽을 것이다. 우리들이 힘을 모아 도와주자."

그리고는 양식도 갖다 주고 옷도 갖다 주어서 굶는 것을 면하게 되었다. 그리고 그 해에 과거에

합격하여, 약관 20세의 나이로 벼슬길에 올랐다.

정원용은 늘 바른 생각으로 검소하게 살았고 청렴결백하게 관직생활을 하였는데, 차츰 벼슬이 높아져서 나이 56세에 영의정이 되었다. 그 뒤 20여 년 동안 최고의 관직에 있다가 91세의 나이로 서거하였는데, 아들과 손자들도 정승과 판사를 지내는 등 집안의 경사가 그칠 날이 없었다고 한다.

§

'나'의 처지가 워낙 급박하면 '나락 한 말 정도인데…' 할 수도 있다. '다음에 잘 되면 갚지. 미안하다' 하는 것이 보통 사람의 마음이다. 그러나 정원용은 문득 깨달았다.

'내가 어렵다고 해서 남을 힘들게 하면 안 된다. 바르게 살아야 한다'.

그래서 곡식 자루를 돌려주었다. 그런데 정원용의 이 바른 한 생각에 천지가 감동하였고, 그때부터 복을 받기 시작한 것이다.

바른 한 생각. 한 생각을 바르게 가지고 바르게 행동하면 천신 등의 모든 신들이 다 알고, 시방세계 모든 부처님이 다 아시고 가피를 베푸신다.

그러므로 바르게 살아야 한다. '바를 正' 얼굴을 가진 인간답게 바르게 살아야 한다. 바르게 살면 불보살이 인정하고 천지가 감동하여 복을 받지 않을 수 없는 것이다. 나아가 '바를 正' 자를 품고 살면서 선행을 많이 하고 복을 지으면 반드시 소원을 성취할 수 있게 되고 많은 복을 누릴 수 있게끔 되어 있다.

내가 복을 지어 놓으면 누가 받는가? 내가 받는다. 은행에 예금을 해놓으면 예금한 이 외의 다른 사람이 찾을 수 없는 것과 같이, 내가 지은 복은 내가 받지 다른 데로 가는 법이 없다.

소아小我의 고개를 넘어야 성공한다

그러나 소아망상小我妄想에 빠져 살면 큰 복은 결코 나와 함께 하지 않는다. 소아망상에서 벗어나 무아無我의 경지로 들어가야 큰 복과 큰 성공이 '나'와 함께 하게 된다. 곧 '나'라는 고개를 넘어야 하는 것이다.

이 무아의 고개를 아리랑我離郎 고개라 하는데, 우리 몸 중에서는 목구멍이 바로 아리랑 고개이다.

사람들의 눈을 가리고 음식을 먹여보라. 입에다가 이런저런 떡을 넣어주면 금방 맛을 알고 '송편이다·시루떡이다'라고 한다. 짜고 단 것을 넣어주면 '간장이다·된장이다·설탕이다·꿀이다·조청이다·곶감이다' 하면서 바로바로 안다.

하지만 이렇게 잘 아는 음식이라도 입 안에만 있으면 피도 살도 되지 않는다. 분별없는 경계인 목구멍을 넘어가야 피가 되고 살이 된다. 그런데 목구멍이라는 고개를 넘어가면 '시루떡·꿀·곶감' 등 음식의 이름들이 모두 사라지고, 짠맛·단맛·신맛 등도 다 사라진다.

모든 이름과 맛이 다 사라진 이것이 바로 무아의 경지요, 그래서 목구멍을 아리랑 고개라고 하는 것이다.

수행자가 되었든, 예술·과학·사업 등에 종사하든, 자식을 기르든, '나'라고 하는 소아망상小我妄想의 고개를 넘어 무아의 경지에 들어가야 능히 익어질 수 있고 크게 성공을 할 수 있다. 무아의 경지, 무분별의 경계에 들어가 혼신의 힘을 다해야 한 가지를 크게 이룰 수 있는 것이다.

옛날 마산에 이장춘李長春이라는 봇짐장수가 있었다. 짐을 지고 큰 고개를 올라가게 되면 보통 힘이 드는 것이 아니다. 그는 중간중간에 지게를 작대기로 받쳐놓고 쉬면서 스스로를 향해 소리쳤다.

"장춘아, 네가 지금은 땀을 흘리고 있지만, 이 고개 마루턱만 올라서면 시원한 바람이 네 겨드랑이 밑을 지나갈 것이다. 그러니 힘이 들더라도 용기를 내어 참고 올라가자."

마침내 고개 위에 올라 시원한 바람이 불어오면 또 다짐을 하였다.

"장춘아, 너도 돈을 벌면 이렇게 시원하고 좋은 때가 올 것이다. 고생이라 생각 말고 열심히 해라."

이렇게 스스로에게 용기를 북돋으면서, 피와 땀을 흘리는 힘든 과정을 극복하고 돈을 모아 큰 부자가 되었다.

§

 이렇듯 이장춘처럼, 예술·학문·종교·과학은 물론이요 모든 사업의 성취는, 정신을 집중하고 정성을 쏟고 피와 땀을 흘린 뒤에라야 이룰 수 있는 것이지, 나의 편안함·나의 기쁨·나의 행복만을 추구하는 소아망상에 빠져들어서는 결코 성취를 할 수가 없다.

 한 걸음 더 나아가 실패를 하였을 때도 소아망상에 빠져 포기를 해서는 안 된다. '나는 이제 끝이다. 더 이상 어떻게 해 볼 수가 없다'고 하면서 주저앉지 말아야 한다.
 낙엽을 보라. 낙엽이 땅에 떨어져 있으면 사람도 밟고 개도 밟고 지나간다. 가치라고는 조금도 없지만, 그 낙엽도 비바람을 타고 벽공을 활기롭게 날 때가 있다.
 낙엽도 벽공을 풀풀 날면서 한껏 멋을 내는데, 만물 중에 가장 슬기로운 사람이 실패했다고 해서 근심 걱정에 잠겨 있대서야 되겠는가? 다시 정신을 가다듬고 힘을 내어야 한다.

한 생각 바꾸어 생생한 산 정신으로 임하면 '절후絶後에 갱생更生이라', 길이 끊어진 곳에서 다시 사는 수가 있으니, 근심걱정하지 말고 사바세계를 무대로 삼아 연극 한바탕 멋지게 해야 한다.

물론 일상의 삶 속에서도 근심걱정에 잠겨 살아서는 안 된다. 근심걱정에 잠겨 살게 되면 행복이나 성공이 오다가도 돌아서서 가버린다.

사람들이 이 세상에 태어날 때에는 아무 걱정이 없었는데, 학교 가고 취직하고 시집 장가를 가는 등 경쟁사회에 몸을 담고부터 가슴 답답하고 머리 아프게 살아간다. 자연 성격이 급해지고 엉뚱한 고집을 부리게 되며, 신경질이 자꾸만 늘어나게 된다.

그렇다고 문제가 해결되는 것은 아니다. 꼼짝하지 못하고 그 상태에 빠져 오만가지 걱정을 하면서 산다. 그러나 그 오만 가지 걱정의 주체가 많은 것은 아니다.

오직 사람 아니면 물질, 물질 아니면 사람이다. 이 두 가지 때문에 밤낮없이 걱정을 하는 것이다.

그래서 나는 늘, '사람과 물질, 이 두 가지를 초월하여 사바세계를 무대로 삼아 멋들어지게 연극을 잘하고, 늘 쾌활하고 명랑하고 낙관적인 기분으로 살라'고 일러주고 있다.

그럼 어떻게 살아야 근심 걱정을 벗어나 멋들어지게 살 수가 있는가? 놓을 줄 알아야 한다. 비울 줄 알아야 한다. '암소 잡은 요량' 하면서 근심 걱정을 비우고 놓아 버릴 줄 알아야 한다.

암소 잡은 요량.

❀

옛날 경주에 정만서鄭萬瑞라는 이가 살았다. 어느 때 한양으로 가다가 도중에 노자가 떨어지고 말았다. 한 이틀을 굶게 되자 눈이 쑥 들어갔고 걸을 힘조차 없었다. 그는 선비의 체면도 팽개치고 주막으로 들어가, 소의 불알을 삶아서 달아놓은 것을 보고는 '썰어달라'고 하여 술안주 삼아 배불리 먹었다.

그러나 돈이 없었던 정만서에게는 그 다음이 문제였다. 술과 음식을 먹으러 오는 손님들로 자리가 차기 시작했지만, 값을 치를 수 없었던 정만서는 자리를 뜰 수가 없었다. 마침내 참다 못한 주모가 소리쳤다.

"여보시오, 이제 그만 회계를 대고 다른 손님들에게 자리를 양보 하시오."

"주모, 사실은 나에게 돈이 없소."

"무어라? 돈도 없이 술과 안주를 먹었단 말이오? 어림없소. 빨리 회계를 대시오."

주모가 사납게 다그치자 정만서는 말하였다.

"주모, 암소 잡은 요량 하소. 암소 잡은 요량…."

불알이 없는 암소를 잡은 셈 치고 돈을 받지 말라는 것이었다. 마침내 실랑이가 길어지자 뒷방에 누워있던 주모의 남편도 그 소리를 듣게 되었다.

'소의 불알을 먹고는 암소 잡은 요량 하라니?

세상에! 술장사 30년에 저런 놈은 처음일세.'

뒷방에서 나온 남편이 눈알을 부라리며 그 자리에 뛰어들자, 정만서는 남편에게 인사를 나누자며 자기소개를 하였다. 그도 익히 들어 알고 있는 천하의 잡놈 '정만서'라고 하는 것이 아닌가. 술값을 받을 상대가 아니라는 것을 알고 있었던 남편은 도리어 청하였다.

"고깃값 대신에 소리 나 한번 해 보시오."

정만서는 온갖 장기자랑을 다 펼치며 노래를 부르고 춤을 추었다. 그러자 길을 가던 사람들이 모여들었고, 그 주막에 있던 술과 안주들이 모두 동이 나, 주막을 연 이래 최상의 매상을 올렸다고 한다.

§

가만히 돌이켜보라. 부모 태중에서 나올 때 영감을 업고 나왔나? 아내를 안고 나왔나? 자식들을 데리고 나왔나? 빈 몸 빈손으로 나왔는데, 그것들에 애착이 붙어서 놓으려 해도 놓을 수가 없다. 또 놓을 수 없으니 밤낮없이 걱정을 한다.

여러분도 사람과 물질에 걸려서 가슴이 답답하고 머리가 아프면 정만서의 '암소 잡은 요량'을 할 줄 알아야 한다. 애초 불알이 없는 암소를 잡은 요량을 하면 한 생각 막혔던 것이 풀린다.

곧 한 생각 애착을 비우고 생생한 산 정신으로 사바세계를 무대로 삼아 연극 한바탕 멋지게 해야 한다. 그까짓 근심 걱정은 냄새나고 죽은 생각이다. 앞으로는 산 생각으로 불타의 정신에 합체해서 살아가길 바란다.

성공은 깨어 있는 정신으로
정성을 다하는 데서

또 한 가지, 크게 성공하고 행복해지려면 잊지 말아야 할 것이 있다. 바로 정신을 잘 집중하고 정성을 쏟고 피땀을 흘려야 한다는 것이다.

실로 우리가 크게 성공을 하고 늘 행복한 사람이 되고자 한다면 스스로를 살아있는 정신으로 살아갈 수 있게끔 만들어야 한다. 늘 정성을 쏟으며 스스로를 단련하고 또 단련해야 하는 것이다.

광산에서 금광석을 캐면 그 속에는 금만 있는 것이 아니다. 은도 있고 동도 있고 철도 있고 아연도 있다. 하지만 제련하고 또 제련하여 이 잡된

광석들을 모두 빼버려야 24금金이 되고, 24금이 되어야 세계에 통용되는 보배가 되는 것이다.

　보검寶劍 또한 철이 있다고 하여 그냥 만들어지는 것이 아니다. 철을 불에 달구고 두드리고 물에 집어넣기를 천 번 만 번 반복하여 쇠똥이 모두 빠져나가고 아무런 잡철이 나오지 않게 되어야 비로소 보검을 만들 수 있다. 또 물에 집어넣었다가 건져 낼 때의 온도가 덥지도 차지도 않아야 보검이 만들어진다고 한다.

　우리의 마음에는 탐·진·치 삼독에서 비롯된 팔만 사천 가지 번뇌망상이 금에 잡철 붙어 있듯이 가득하다. 이러한 생각들이 우리의 성공을 막고 행복을 가로막는다. 그런데 스스로를 단련하여 잡철 등의 하찮은 마음이 쑥 빠져나가게 되면, 24금을 얻고 보배칼을 얻어 크게 성공을 할 수 있고 남을 지도할 수 있는 사람이 된다.

　그러므로 소아인 '나'를 좇아가지 말아야 한다. 나의 편안함과 이기심과 번뇌망상을 좇아가지 말고, 스스로를 격려하고 인내하면서 보검을 만들고 24금을 만들어 나가야 한다.

　성공하는 방법, 행복해지는 방법은 늘 바르고 깨어있는 정신으로 정성을 다하며 살아가는 것이다. 따지고 분별하고 의심하지 말고, 스스로가 하는 일에 깊은 믿음을 가지고 정성껏 살아가면 모든 문제들은 차츰 사라진다.

　그리고 아무리 어렵고 힘들게 느껴지는 일도 지극한 마음으로 한결같이 이어가면 마침내는 소원을 성취하고 결실을 이루게 되는 것이다. 정성을 다하는 지극한 마음.

❀

　누구나가 잘 알고 있는 조선시대의 대표적인 암행어사 박문수朴文秀(1691~1756)의 집안은 대대로 높은 벼슬을 한 이름있는 가문이었다. 그러나 박문수의 부모는 늦도록 자식을 두지 못해 애를 태우고 있었다. 하루는 부부가 머리를 맞대고 상의를 했다.

"우리가 자식을 보지 못하는 것은 아무래도 전생에 닦은 복이 없어서인 듯합니다. 오늘부터라도 정성을 다해 복을 지으면 틀림없이 좋은 과보가 있을 것이오."

부부는 세상에서 가장 크게 복을 짓는 일이 삼보에 대한 공양이라 생각하고, 닷새에 한 번씩 돌아오는 장날마다 시장에 나타나는 스님 한 분을 모셔와 대접을 하기로 했다. 그리고 오직 자식 하나를 얻겠다는 일념으로 5일에 한 번씩 스님을 모셔 와서 성심성의껏 공양을 올렸다.

그렇게 하기를 만 3년이 되던 날, 하인이 시장으로 스님을 청하러 갔으나 그날따라 스님이 한 분도 보이지 않았다. 날이 저물도록 기다리니 얼굴이 부어터지고 손과 발에서 고름과 피가 흐르는, 그야말로 문둥병에 걸린 스님이 나타났다.

데리고 갈까 말까 망설이다가 다른 스님이 없었으므로 하는 수 없이 모시고 가서, 대문 밖에 기다리게 하고 주인에게 사정을 아뢰었다. 그런데 주인은 흔쾌히 명하는 것이었다.

"빨리 스님을 사랑채로 모셔 오너라."

스님이 사랑채로 들어가는데 발에서 피고름이 흘러내려 마루와 방바닥을 더럽혀 놓았다. 하지만 그들 부부는 조금도 불쾌하게 여기지 않고 기꺼이 음식을 바쳐 공양케 하였다. 음식을 먹는데 피고름이 수저에 묻고 음식에도 흘러 보기 흉한 지경이었지만, 그들 부부는 조금도 싫어하는 마음을 갖지 않았다.

문둥이 스님이 공양을 마치고 일어나자 주인은 대문 밖까지 배웅하면서 말하였다.

"다른 곳에 가서는 우리 집 사랑에서 공양을 대접받았다는 이야기를 하지 마십시오."

"당신도 다른 곳에 가서 문수보살을 친견하고 공양을 올렸다는 말을 하지 마시오."

문둥이 스님은 이 말을 남기고 홀연히 사라졌다. 그로부터 얼마 후 부인이 잉태하여 마침내 아들을 낳았고, 문수보살文殊菩薩을 친견하고 낳은 아이라 하여 '문수'라 이름지었으나, 성인의 이름을 그대로 쓸 수가 없어 뒷 글자를 '빼어날 수秀' 자로 하였다고 한다.

§

박문수 부모의 지극하고 한결같은 마음, 정성을 다하는 마음이면 이루지 못할 것이 없다. 누구나 원성취를 바라고 진정한 행복을 바란다면 정성을 다하여 살아야 한다. 정성을 다하는 지극한 마음으로 살아야 한다. 이밖에는 특별한 방법이 없다.

불교공부도 마찬가지이다. 참선을 하든 염불을 하든 예불을 하든 경전을 보든, 모름지기 마음을 지극히 모아서 하면 된다. 그리하여 24금을 이루고 진짜 보검을 완성시키면 큰 깨달음이 곧 우리의 것이 되는 것이다.

모든 것은 일상생활 속에서의 한 생각에 달려 있다. 행복도 불행도 성공도 실패도 나의 한 생각에 달려 있는 것이다.

그러므로 진정 행복과 성공을 바란다면 지금의

한 생각을 잘 살펴야 한다. 지금의 한 생각을 바르게 가지고 바른 쪽으로 나아가야 하는 것이다.

그리고 가끔씩은 자신의 업경대業鏡臺를 잘 살펴보아야 한다.

업경대는 염라대왕 앞에만 있는 것이 아니다. 눈을 감고 어릴 때부터 지내온 모든 일들을 곰곰이 생각해보면 잘잘못이 분명히 나타나는데, 그것이 곧 나의 업경대이다. 이 업경대가 맑고 깨끗해지도록 노력해야 한다.

이 세상에는 착한 이도 살고 나쁜 이도 살고 어진 이도 협잡꾼도 살고 있다. 성공한 사람, 실패한 사람, 욕심 많은 사람, 덕 있는 사람 등 별별 사람들이 어울려서 사는데, 이 여러 종류의 사람들이 모두 한 생각 차이에서 비롯된다. 한 생각의 차이가 선과 악, 성공과 실패, 극락과 지옥 등 엄청나게 다른 '나'의 자리와 주변환경과 이 세상을 만들어낸 것이다.

부디 잊지 말기 바란다. 이 한 생각 차이에 성현도 되고 범부도 되며, 악한 사람과 착한 사람, 성공한 사람과 실패한 사람, 행복한 사람과 불행한 사람으로 갈라지게 되니, 일상생활 속에서 한 생각을 잘 돌이키고 불교를 잘 믿어서, 참된 행복을 찾고 크게 성공하고 진리를 증득하기 바란다.

靈鷲山深雲影冷 영축산심운영랭
洛東江闊水光淸 낙동강활수광청
영축산이 깊으니 구름 그림자가 차고
낙동강 물이 넓으니 물빛이 푸르도다

II

어떤 복을 지어야 잘 사는가

복 짓는 법

법좌에 올라 주장자를 세 번 치고 이르셨다.

聲前眉語傳 성전미어전
默然眼微笑 묵연안미소
소리 전에 눈썹말을 전하고
묵묵히 눈으로 미소를 짓네

법문은 특별한 데 있는 것이 아니다. 눈썹을 찡끗 하는 거기에 법문이 있고, 미소를 짓는 가운데 법문이 있다.

사람이면 누구나 좋은 일을 하고 복을 지으며

살기를 바란다. 누구나 향상向上을 하는 것이 본래부터 가지고 있는 바탕이기 때문이다. 그런데 이기심과 자기중심적인 애착 때문에 좋은 일이나 복을 짓지 못하고 사는 것이다.

모름지기 지금 이 생에서도 잘 살고, 죽어 저승의 염라대왕 앞에서도 큰소리를 치려면 복을 많이 지어야 한다.

그런데 복이라는 것은 내가 노력하고 행하고 닦아서 얻는 것이지, 하늘에서 뚝 떨어지거나 복을 파는 사람이 있어 한 덩어리의 복을 집어서 주는 것이 아니다.

우리 부처님은, '내 몸을 위해서 이 세상에 난 것이 아니라 남을 위해서 났다'고 하셨다. 이 말씀을 잘 기억하면서, 남을 위해 수고스러운 일을 많이 하고 남을 도와 좋은 일을 많이 해 주면 복이 자꾸자꾸 쌓이게 되는 것이다.

불교에서는 복을 짓는 방법으로 팔복전八福田 이야기를 많이 한다.

① 삼보공경三寶恭敬이니, 불·법·승을 잘 공경하고
② 효양부모孝養父母이니, 부모에게 효도하고
③ 급사병인給事病人이니, 병든 사람을 잘 돌보고
④ 구제빈궁救濟貧窮이니, 빈궁한 사람을 도와주고
⑤ 광로의정廣路義井이니, 물 없는 곳에 우물을 파서 오고 가는 사람이 먹을 수 있도록 하고
⑥ 건조교량建造橋梁이니, 개울에 다리를 놓아 사람들이 편하게 건너갈 수 있게 하고
⑦ 치평험로治平險路이니, 험한 길을 고르게 닦아 사람들이 잘 다닐 수 있도록 하며
⑧ 무차법회無遮法會이니, 법회를 열어 어떤 사람에게나 법문을 들을 수 있는 기회를 만들어 주라는 것이다.

이들 가운데 ⑤에서 ⑦까지의 '우물을 만들고 다리를 놓고 길을 닦는 일'은 현대사회의 경우 나라나 지방관청에서 행할 일이요, 개인의 차원에서 할 수 있는 일이 아니다. 그리고 ⑧ 무차법회를 여는 것도 개인적으로 하기에는 쉬운 일이 아

니다. 그러므로 이 넷을 뺀 앞의 네 가지에 대해 함께 살펴보도록 하자.

1) 공경삼보

　불법승 삼보에 대해 공경해야 한다는 것으로, 불자라면 당연히 삼보에 귀의하고 매일 삼보에 예경을 하여야 한다.

　사찰에서 아침저녁으로 올리는 예불은 바로 삼보에 대한 공경의식이다. 모름지기 불자라면 매일 예불을 올리며 삼보에 대해 '지심귀명례至心歸命禮'를 하여야 한다.

　나아가 '부처님 잘 모시고 삼보를 잘 받들며 살겠다'는 다짐을 하면서 살면, 마음에 늘 지혜의 광명이 깃들어 복을 받게 되는 것이다.

　또 선종에서는 마음 청정한 것을 부처라 하고 밝은 마음을 법이라 하며, 어디에도 걸림이 없는 마음을 승이라고 한다. 이렇게 맑고 밝고 걸림 없는 마음으로 살아가는 것이 바로 진정한 삼보공경이다.

그러므로 맑고 밝고 걸림없는 마음으로, 부처님처럼 늘 깨어나고자 하고 부처님의 가르침을 잘 새기면서 열심히 수행하고 불법을 널리 전파하며 살아가는 것이 복 중에서 가장 큰 복을 짓는 삶이라는 것을 꼭 기억해주기 바란다.

2) 효행부모

'부모에게 효도하면 복을 받는다'는 것은, 어느 시대 할 것 없이 다 통하는 너무나 당연한 진리이다.

❀

신라 42대 흥덕왕 때의 일이다. 경주 모량리(현재의 현곡리)에는 손순孫順이라는 이가 홀어머니와 아내, 외아들과 함께 살고 있었다.

비록 가난에 찌드는 생활이었지만 그들 내외는 지극한 정성으로 어머니를 봉양하였다. 나무를 해다가 장에서 팔고 나면 반드시 생선이나 고기를 사다가 어머니의 상에만 올려 드렸다.

그러나 철모르는 어린 아들은 끼니때만 되면 할머니 밥상으로 달려가서 맛있는 반찬들을 집어 먹었다. 그러나 손자에게 맛난 반찬을 열심히 먹이다 보니 할머니로서는 배가 부를 날이 없었다.

어느 날 손순은 아내를 불러 의논했다.

"아이는 낳으면 또 얻을 수 있지만 어머니를 다시 얻을 수 없는 일이 아니겠소. 어머니가 굶주림 속에 계시니, 저 아이를 땅에 묻고 어머니라도 잘 모시도록 합시다."

아내가 찬동하자, 손순 부부는 외아들을 업고 취산醉山의 북쪽으로 가서 피눈물을 흘리며 땅을 파기 시작했다. 그런데 괭이 끝에서 '쿠왕—' 하는 아름다운 소리가 들려오는 것이 아닌가.

이상하게 생각하며 땅을 더 파자 돌종〔石鐘〕하나가 모습을 나타내었다. 신기하게 여기며 그 종을 두드려 보았더니 묘한 소리가 울려 퍼졌다. 아내가 말하였다.

"이렇게 이상한 물건을 얻은 것은 필경 이 아

이의 복이요, 아이를 묻지 말라는 계시인가 봅니다."

아이와 돌종을 각기 업고 집으로 돌아온 손순 부부는 돌종을 처마에 달아 놓고 아침저녁으로 두드렸다. 어느 날 흥덕왕이 반월성 누각에 올라 서라벌 장안을 살펴보는데, 서쪽 교외로부터 맑은 종소리가 은은히 들려 왔다. 그 종소리를 들으니 마음이 고요해지고 쾌락해졌으므로 종소리의 행방을 알아보게 하였다.

조사 후 신하는 돌종의 내력을 아뢰었고, 손순 내외의 효성에 크게 감복한 흥덕왕은 그들에게 새로운 집과 함께 해마다 벼 50섬씩을 주도록 하였다.

어머니를 모시고 걱정 없이 살게 된 손순은 그 은혜에 보답하기 위해 먼저 살던 오막살이집을 고쳐 절을 만들고 이름을 홍효사弘孝寺라 하였다.

이 묘한 돌종은 진성여왕 때 후백제의 도적들에 의해 분실되기 전까지 60여 년 동안 홍효사에 있었다고 한다.

부모는 자식이 병들게 되면 신약·한약 가리지 않고 온갖 약을 구해다가 병을 낫게 하려고 하는데, 가끔씩 보면 부모가 감기 때문에 콜록콜록하면서 아파 누워 있어도 '나이 많은 사람에게 으레 있는 천식이나 노병老病'이라 하면서 약 한 첩 지어주려 하지 않는 자식이 있다.

이래 가지고서야 어떻게 복을 받을 수 있겠는가?

복은 먼데서 구할 것이 아니다. '내 부모가 곧 부처님'이라 생각하고, 부모에 대해 깊은 효성을 가져야 한다. 효도를 하면 반드시 복이 온다. 그것도 크게 다가오는 법이다.

3) 급사병인

어떠한 사람이든지 병든 이를 내 힘닿는 데까지 구완을 해주면 큰 복을 받게 된다.

어느 날 죽림정사의 여러 승방을 살피던 부처님께서는 한 명의 병비구病比丘가 자신이 배설한 똥오줌 속에 누운 채 신음하고 있는 것을 보게 되었다.

"어찌하여 배설물 위에서 고통스럽게 누워 있는 것이냐? 돌보아주는 사람이 없느냐?"

"없습니다."

"왜 돌보아주는 이가 없게 되었다고 생각하느냐?"

"저의 몸이 성했을 때, 저는 병든 동료들을 돌보아주지 않았습니다. 그래서 지금, 저를 돌보아주는 사람이 없는 듯합니다."

부처님은 비구의 몸을 일으켜 옷을 벗기고 더러운 온 몸을 깨끗이 닦아 주었다. 그리고 똥오줌이 묻은 옷을 빨아 말렸으며, 자리에 깔려 있던 낡은 풀들을 버리고 방을 깨끗이 청소한 다음, 새 풀을 뜯어다 깔고 병비구를 그 위에 편안히 눕혀 주었다.

이와 같은 부처님의 간병에 병비구는 너무나 황송해 하며 감격의 눈물을 흘렸고, 부처님께서는 다른 비구들에게 설하셨다.

"병든 비구를 보거든 나를 돌보듯이 하라. 병든 자를 보살핌은 곧 나를 보살피는 것이다. 이 세상의 모든 보시 가운데 이보다 더 나은 보시는 없나니, 병든 이에 대한 간병은 큰 복덕을 이루고 큰 과보를 얻어, 영광이 두루하고 감로의 법미法味를 이룩하게 되느니라."

꽃

"병든 자를 나를 돌보듯이 하라. 병든 자를 보살핌은 곧 나를 보살핌이다."

이것이 부처님의 마음이요, 부처님의 자비심이다. 병자를 대하는 것이 역겹고 힘들지라도 인연 따라 자비심을 표출하여 자비행을 실천하면 무한 복덕을 이루어내고, 그 복덕이 감로의 법미, 곧 불멸의 진리를 체득하는 밑거름이 된다는 것을 잊지 말기 바란다.

4) 구제빈궁

가난하고 궁한 사람을 힘이 닿는 데까지 도와주고 구제해주는데 어찌 복을 받지 않겠는가. 그래서 예로부터 밥공양 등의 선행을 국가와 개인을 가릴 것 없이 널리 행하여 왔던 것이다. 특히 우리네 조상들 중에는 당대當代가 아니라 자손대대의 복락을 생각하며 복을 쌓는 이들도 있었다.

🌸

안동의 하회마을에서는 영의정을 지낸 유성룡柳成龍(1542~1607)을 비롯한 훌륭한 분들이 많이 배출되었고, 오늘날까지 유정승의 후예들이 곳곳에서 빛을 발하고 있다. 그런데 그 음덕은 유성룡의 7대 조부에서 비롯되었다고 한다.

7대 조부 되는 분은 고개마루턱 갈림길에 집을 지어놓고, 고개를 넘나드는 이들 중 배고픈 이에게는 밥을 주고, 옷이 낡은 이에게는 옷을 주고, 짚신이 떨어진 이에게는 짚신을 주고, 노자가 없는 이에게는 노자를 주기를 30여 년 동안이나 하였다.

그런데 그에게는 한 가지 소원이 있었다. 그가 사는 마을에 넓은 벌판이 있었는데, 그 벌판이 꽉 차도록 자손들이 번성해졌으면 하는 것이었다.

7대 조부는 이러한 원을 품고 30여 년 동안 많은 덕을 베풀었고, 마침내 복이 가득 쌓여 그 복력福力으로 원을 성취하였을 뿐 아니라, 유성룡과 같은 훌륭한 백의정승白衣政丞까지 배출하게 된 것이다.

§

모름지기 복을 잘 지으면 나만 행복해지는 것이 아니다. 후손들까지 모두 복을 받을 뿐 아니라, 두고두고 영광된 일이 찾아들기 마련이다. 그러므로 힘닿는 데까지 남을 구제하는 좋은 일을 하면서 복을 쌓아야 한다.

특히 요즘과 같은 복지사회에서는 사회복지사 및 공무원 등 복지 관계에 종사하는 사람들이 잘하는 것이 매우 중요하다는 것을 잊어서는 안 된다.

　국민의 세금으로 행하는 복지 일을 잘하게 되면 크게 복을 쌓을 수 있지만, 부정을 저지르거나 잘못하면 후손들에게까지 크게 영향을 미치는 죄업을 쌓는 일이라는 것을 명심하면서, 복지 관계 업무를 잘 할 것을 당부드린다.

복의 힘이 으뜸이다

일찍이 부처님께서는 말씀하셨다.

"실로 이 세상의 복 있는 사람 중에 나보다 더한 이는 없다. 그러나 나는 복 짓는 일에 대해 결코 만족을 모르느니라. 이 세상의 힘 중에서 복의 힘[福力]이 으뜸이며, 복의 힘이 커야 대도大道를 잘 이룰 수 있느니라. 그러므로 모든 수행자들은 마땅히 복을 짓고 쌓아야 한다."

이 부처님의 말씀을 가슴에 담고, 우리는 열심히 복을 닦아야 한다.

부처님께서 천명하셨듯이, 세상의 힘 중에는 복의 힘이 으뜸이다. 복 있는 자는 누구도 당해내지 못한다. 더욱이 부처님께서는 복의 힘이 커야 대도를 이룰 수 있다고 하셨다. 복력福力이 차지 않으면 대도를 이룰 수 없다는 말씀이다.

그런데도 복 닦는 일은 도 닦는 일이 아니라고 주장하는 이들이 있다. 어찌 삼보공경·효양부모·급사병인·구제빈궁 등을 실천하면서 복을 짓는 일이 도를 닦는 일과 별개이겠는가?

'복력福力은 곧 도력道力'이다. 복이 있어야 도를 이룰 수 있다. 복이 쌓이면 쌓일수록 빨리 도를 이룰 수가 있다.

부처님의 가르침과 원리가 이러하거늘 어찌 도와 복을 따로 놓고 볼 것이며, 어찌 박복한 우리가 복을 닦지 않을 것인가? 복 닦기를 게을리해서는 아니 된다. 쉼 없이 복을 닦고 쌓아가야 한다.

대자대비한 부처님께서는 닦고 쌓은 복덕에 대

해 어떠한 집착도 없다. 어떠한 중생을 위해 어떻게 베풀어 준다는 생각 없이, 인연 따라 한결같이 베풀어 주신다. 마치 태양처럼 평등하게 베풀어 주시는 것이다.

부처님의 아들딸인 우리 불자들도 어떠한 집착이나 대가없이 꾸준히 받들고 베풀고 실천하여 복덕을 쌓아가야 한다. 그리고 필경에는 스스로가 지은 복덕을 최상의 깨달음과 중생에게로 회향廻向 해야 한다.

만약 쌓은 복덕에 대한 집착을 버리고 자타일시성불도自他一時成佛道에 회향하게 되면 스스로를 무량공덕장無量功德藏으로 만들 수 있게 되고, 일체중생을 행복하게 만들 수 있게 된다.

이를 꼭 기억하여 깊은 자비심으로 한결같이 복을 닦고 대도를 이루는 부처님의 참된 아들딸이 되기 바란다.

水窮山盡疑無路 수궁산진의무로
柳綠花紅又一村 유록화홍우일촌

물 다하고 산이 다해 길 없는가 의심했더니
버들 푸르고 꽃이 붉은 또 한 마을이 있네

"할〔喝〕."
하시고 법좌에서 내려오시다.

III

육미탕
행복과 성공을
위한 처방

진심으로 살자

법좌法座에 올라 주장자를 세 번 치고 이르셨다.

　雲收靈鷲千尋碧 운수영축천심벽
　水到洛東萬里深 수도낙동만리심
　구름 개이니 영축산이 온통 푸르고
　물이 낙동강에 이르니 만리나 깊도다

이 게송 속에 팔만대장경의 대의大意가 다 들어 있지만, 이 도리는 말이나 글로써 다 표현하거나 해석하지 못한다. 공부를 하여야만 능히 이 도리를 알 수가 있다.

소나무의 송진을 긁어서 녹이면 자배와 송진이 한데 범벅이 되고, 찬물에 부어도 한데 범벅이 된다. 그런데 이것을 세 번만 끓이면 송진은 송진대로 돌고 자배는 자배대로 돌아서 한데 뒤섞이지 않게 되고, 찬물에 부어도 송진은 송진대로 돌고 자배는 자배대로 돈다.

사람 마음속에도 진심眞心과 망상妄想이 한데 섞여 있지만, 공부를 해 나가다보면 망상이 진심 속에 들어가려고 해도 들어갈 수 없게 되는 도리가 있다.

그러므로 망상이 많을 수밖에 없는 속가에 있을지라도, 꾸준히 마음을 닦게 되면 망상이 들어오려고 해도 들어오지 못하게 된다. 참된 마음이 가득하기 때문에 망상이 견뎌 낼 수가 없는 것이다.

돈도 마찬가지이다.
깨끗한 마음으로 돈을 벌어서 자식에게 주어야 탈이 없지, 하찮은 마음으로 남을 속이고 거짓말을 하고 도둑질을 해서 번 돈을 자식에게 전하면 마치 콜레라균을 돈에 묻혀 주는 것과 같아서, 사람 죽이고 집안을 망친 다음에 그 돈이 나가게 된다.

　살면서 조금이라도 나쁜 생각이나 망상 덩어리가 섞여지면 그릇된 결과를 초래하게 되는 것이다. 그러므로 망상이나 나쁜 생각을 좇아가지 말고 진심으로 살아야 한다.

　음악·미술·철학·과학 등의 예술과 학문도 진심을 바쳐야 성공을 하고, 장사하는 사람도 진심을 기울이고 생명을 달고 해야 돈을 벌고 성공을 하는 법이다. 하물며 마음공부를 하여 대도를 이루고자 하는 이라면 어떻게 해야 하겠는가? 그야말로 목숨을 내어 놓고 죽기 살기로 해야 하는 것이다.

　그런데 요즘 보면 진심으로 살고 진심으로 불교를 믿기보다는 요행을 바라면서 불교를 믿는 사람이 너무 많은 듯하여 심히 염려스럽다.

몇 가지 예를 들어 보겠다.

요즘 들어 삼사순례三寺巡禮가 크게 유행하고 있다. 윤달이 들었을 때 절을 세 군데 밟으면 좋다고 해서 통도사·해인사·송광사를 찾거나 명산대찰을 찾아 가는데, 이 삼사순례는 어떠한 경전에도 기록되어 있지 않다.

누가 삼사순례라는 말을 만들어 내었는 지는 도무지 알 수가 없다. 부처님의 가르침에 따라 선업을 짓거나 공부를 해야 복을 받지, 세 군데 절의 마당을 밟는다고 무슨 복이 오겠는가?

또 '선방에 앉아 공부를 못할지라도, 선방 문고리를 세 번만 잡으면 악도에 떨어지지 않는다'는 말을 듣고는, 절에 와서 문고리를 잡고 흔드는 이들이 많다. 경전을 보기는커녕 염불도 예배도 하지 않고 문고리를 잡는다 하여 어찌 좋은 곳에 가겠는가?

그리고 절에 있는 탑이나 바위 등에 조그마한 돌을 얹어 돌리면서 '소원성취 하겠나, 못 하겠나'를 시험하는데, 돌이 딱 붙으면 '이제 소원성취 하겠구나' 하면서 만족해한다. 돌을 계속 돌리면 전기가 발생하여 딱 붙는 것인데, 소원성취할 것인지를 시험하고 있으니 어리석기가 짝이 없다.

그것도 혼자만 하면 될 것인데, 가족이나 친구들까지 데리고 와서 '소원성취할 것인지를 알아보라'며 자꾸 돌을 돌리게 만든다. 돌만이 아니다. 바위에 동전을 붙이기도 한다. 진심을 기울이는 불교를 떠난, 이런 미신적인 것은 믿지 말아야 한다. 또 미신적인 것에 빠져 마음대로 요량해서도 안 된다.

옛날 한 거지가 어느 집 대문 앞에서 말하였다.
"밥 좀 주십시오."
"요량한다."
주인이 이렇게 대답하자 거지는 밥을 줄 요량을 하는 줄 알고 기다렸다. 그러나 한참이 지나도 밥을 주지 않기에 물었다.

"요량한다고 하더니 왜 밥을 안 줍니까?"

"나는 밥을 줄 요량을 한 것이 아니라 안 줄 요량을 했다."

거지가 헛 요량을 한 것이다.

§

우리도 살면서 헛 요량을 하지 말아야 한다. 헛 요량에 빠져 기다리기 보다는 내가 해야 할 일을 차근차근 하면서 살아야 한다. 나에게는 부산·서울·대구·대전·광주 등 각처의 사람들이 많이 찾아오는데, 법을 묻는 사람은 적고 세상 잡사에 대해 많이 묻는다.

"무슨 장사를 하면 돈을 벌겠습니까?"

"딸 아이 시집은 언제 보내면 좋을까요?"

"우리 아들이 올해 취직이 되겠습니까?"

물론 걱정이 되고 답답해서 하는 질문이겠지만, 절에 와서는 열심히 기도하고 지혜를 밝히고자 해야지, 이런 것을 자꾸 물어서는 안 된다. 이런 질문을 받을 때 부산 사람에게는 '영도다리 밑에 가서 물어보라'하고, 대구 사람에게는 '달성공원 앞에 가서 물어보라'하고, 서울 사람에게는 '남산 밑에 가서 물어보라'고 한다.

"그곳에 가면 그런 것을 봐 주는 사람이 있으니 찾아가거라. 나는 그런 것 모른다."

절을 찾았으면 기도하고 법문을 들으면서 지혜를 밝히고 바른 마음을 가지고자 해야 한다. 이렇게만 하면 돈을 잘 벌 수 있고, 자식들도 잘 되고 가정도 평안해지기 마련이다. 미신에 혹하지 않고 근심걱정에 빠져들지 않고 요행을 바람이 없이, 진리에 입각하여 마음을 바르게 잘 쓰면 만복이 저절로 깃들기 마련인 것이다.

육미탕六味湯

 이제 근심걱정 등 마음의 병을 치료하고, 평안과 행복과 성공을 안겨주는 육미탕六味湯을 처방하고자 하니 잘 들어 보기 바란다.
 한의약의 육미탕은 숙지황·산약·산수유·백복령·목단피·택사 등 여섯 가지의 약재를 적절한 양으로 배합하여 만드는데, 마음을 다스려 행복을 안겨주는 육미탕은 신심·말조심·망상조심·무집착·명랑·인진忍進의 여섯 가지로 구성되어 있다.

1) **신심**信心

첫 번째 약재인 신심信心은 석냥중三兩重이 들어가야 한다.

믿는 마음은 참으로 소중한 것이다. 『화엄경』에서는 다음의 게송으로 믿음을 찬탄하고 있다.

> **믿음은 도의 근원이요 공덕의 어머니**
> **일체의 선근들을 길이길이 길러내고**
> **의심의 그물 끊어 애착을 벗게 하며**
> **위없는 열반의 도 열어 보이느니라**
> 信爲道源功德母 　신위도원공덕모
> 長養一切諸善根 　장양일체제선근
> 斷除疑網出愛流 　단제의망출애류
> 開示涅槃無上道 　개시열반무상도

이 게송의 가르침 그대로, 깨달음의 도는 믿음에서 시작된다. 그리고 믿음은 자상한 어머니처럼 모든 공덕을 키워준다. 따라서 믿음이 확고하면 바른 삶의 길이 저절로 확립되고, 모든 선善의

뿌리를 자라게 하여 마침내 무상대도를 증득할 수 있도록 되는 것이다.

한가지 예를 들겠다.

❁

일본의 대산청만大山靑巒이라는 문학박사 집에 늙은 하녀가 함께 있었는데, 묘하게도 병든 사람을 앞에 앉혀 놓고 몇 마디 중얼거리기만 하면 병이 낫는 것이었다. 미신임에 분명한데 병이 완쾌되는 것이 너무나 신기하였던 박사는 어느 날 그녀를 불러 물었다.

"당신이 외우는 주문이 무엇이오?"

" '오무기 고무기 이소고고'를 외웁니다."

듣고 보니 더욱 이상했다. 오무기는 보리요 고무기는 밀, 이소고고는 두되 다섯홉이라는 뜻이기 때문이다.

'보리 밀 두되 다섯홉이라는 말에 병이 나을 까닭이 없는데…?'

가만히 생각해보니 그 구절은 『금강경』에 나오

는 '응무소주이생기심應無所住而生其心'인 것 같았다. "응당 머무름 없이 그 마음을 낸다"는 응무소주이생기심을 일본 발음으로 하면 '오무소주 이소고싱'이다. 그런데 그녀는 '오무소주 이소고싱'을 잘못 알아듣고 '오무기 고무기 이소고고'라는 비슷한 음으로 늘 외워왔던 것이다.

"그 발음은 잘못되었으니 앞으로는 '오무소주 이소고싱'이라 하시오."

평소 존경하던 주인인 박사의 가르침을 받아들여 그녀는 환자가 올 때마다 열심히 외웠다.

"오무소주 이소고싱, 오무소주 이소고싱…."

하지만 그 진짜 게송으로는 어떠한 사람의 병도 낫게 할 수가 없었다. 그녀는 다시 보리 밀 두되 다섯홉이라는 뜻의 '오무기 고무기 이소고고'를 외웠다. 그러자 이전과 같이 사람들의 병이 낫는 것이었다.

※

엉터리 주문으로는 병이 낫고 진짜 주문을 외우

면 낫지 않는 까닭이 무엇일까? 그 이유는 간단하다. 박사가 가르쳐준 것이 올바른 것이기는 하지만 많이 외우지도 않았고, 또 '이렇게 외우면 병이 나을까?', '이것이 옳은가 그른가?' 하는 의심이 있는 반면, 오랫동안 외워왔던 엉터리 주문에 대해서는 확신이 가득하였기 때문이다.

이것이 바로 마음의 조화요 위력이다. 따지고 분별하고 의심하기보다는, 깊은 믿음 속에서 살아가면 문제는 차츰 사라진다. 아무리 어렵고 힘들게 느껴지는 일도 한결같이 이어가면 반드시 결실을 이룰 수 있게 되는 것이다.

그리고 믿음은 우리에게 큰 용기를 준다. 믿음이 있으면 두려움과 불안감 없는 편안한 삶을 영위할 수 있고, 위기를 능히 대처할 수 있는 힘이 솟아난다. 인생을 흔들림 없이 잘 살고자 하고, 기도를 잘하고자 하면 무엇보다 먼저 믿음을 잘 정립해야 한다. 믿음이야말로 도道에 들어가는 첫 단계이기 때문이다.

2) 말조심―兩

두 번째 약재인 **말조심**은 한냥〔一兩〕이 들어가야 한다.

누구든 마음의 평안을 잃지 않기 위해서는 늘 말조심을 해야 한다. 사람들은 몸과 입과 생각 중 입으로 죄악을 가장 많이 짓는다.

비단 같은 말로 아첨 하고〔綺語 기어〕, 이 사람 저 사람을 찾아다니며 한 입으로 이간질을 붙이고〔兩舌 양설〕, 흉악한 욕을 내뱉거나 악한 말로 남을 헐뜯는 것〔惡口 악귀〕 등이 불화와 시비의 원인이 된다.

그러므로 생활 주변에서 가장 큰 비중을 차지하고 있는 언어부터 순화시켜야 한다. 말조심을 하여 서로서로 존경하고 신뢰하는 풍토를 만들어야 하는 것이다.

쓸데없는 말은 어떠한 경우에도 유익하지 않다. 입은 열어야 할 때 열어야 한다. 입을 벌려 밥을 먹을 때에도 시끄럽게 떠들거나 남의 장단점을 쓸데없이 들추어내면 못 쓰는 법이다. 꼭 필요한 말만 하도록 습관을 길러야 한다.

나아가 서로를 살리고 감싸주는 부드러운 말 한마디. 희망과 용기와 기쁨을 주는 말, 상대방을 칭찬하고 존중하고 기를 살려 주는 말, 화합을 시키고 진실을 나누는 말들은 적극적으로 해야 한다.

3) 망상조심

세 번째 약재인 망상조심도 한냥 들어가야 한다.

사람들은 참으로 망상을 많이 한다. 인생이 괴롭다고 하는데, 대부분은 쓸데없는 망상 때문에 괴롭다. 이 허망하고 덧없는 생각을 잘 다스리면 절대로 나쁜 일이 커지지 않는다.

모든 일이 순조롭게 잘 되는 것은 '내가 어떻게 생각하느냐, 용심用心을 어떻게 하느냐'에 달려 있고, 일이 잘 안 되는 것도 '내가 어떤 생각 속에 빠져 있느냐'에 달려 있다.

만약 나쁜 생각이 떠올라 그 놈이 하자는 대로 따라 다니게 되면, 출발점부터 어긋난 일이라 헛된 힘만 들고, 끝내 그 망상이 나를 해치게 된다.

❀

예전에 글만 읽던 선비가 논에 나갔더니, 논둑에 구멍이 뚫려서 물이 새어나오고 있었다. 선비는 흙을 가지고 물이 나오는 쪽을 막았다. 그러나 아무리 바깥쪽을 막아도 계속 물이 새어나오는 것이었다. 선비는 급히 집으로 돌아가 머슴에게 말하였다.

"일꾼 몇 명을 얻어서 논둑을 막으러 가자."

아침 나절에 본 논둑이 완전히 무너졌을 까닭이 없었기 때문에, 머슴은 '논에부터 다시 가보자'고 하였고, 가보니 물이 겨우 졸졸 새는 것을 가지고 야단을 한 것이었다.

"도대체 어떻게 막았습니까?"

"논둑 바깥쪽을 막았는데, 아무리 막고 또 막아도 새더라."

머슴이 흙 한 삽을 떠서 안쪽으로 막자 새던 물이 금방 멈추었다. 머슴은 선비에게 청하였다.

"지금 이 상황을 한 글귀로 지어 보십시오."

"방기원防其源."

§

방기원은 '그 근원을 막아라'는 뜻이다. 망상이 날 때 어떻게 해야 하는가?

근원을 막아야 한다. '아, 망상이 일어났구나!' 하고 깨달아서 곧바로 망상을 잘라 버려야 한다. 그리고 진실되고 바른 생각으로 임해야 한다.

반대로 망상을 방치하여 계속 끌려가고 망상따라 살게 되면 마음의 평안은 물론이요 행복과 성공은 멀리멀리 떠나가고 마는 것이다.

4) 무집착無執着

네 번째는 무집착無執着이 한냥 필요하다.

사람들이 머리 아프고 가슴 답답해하는 까닭은

사람 아니면 물질에 대한 집착을 놓지 못하기 때문이다. 걱정없이 편안하게 살려면 집착을 놓아 버려야 한다.

❀

 내가 아는 마산의 하처사는 아들 넷을 두었는데, 일제강점기에 모두 일본에 있는 대학으로 보내 졸업을 시켰다. 돈이 부족할 때도 다음 달 하숙비는 그 전달 25일이면 찾을 수 있도록 보내는 등, 지극정성으로 뒷바라지를 하였으나, 졸업을 하고 나자 어느 아들도 그를 모시려고 하지 않았다.
 '내가 어떻게 키웠는데 이놈들이!'
 하처사는 아들들이 너무도 괘씸했다. 그리고 용서가 되지 않았다. 마침내 하처사는 몸져 눕게 되었다. 그러던 어느 날, 하처사집 처마 밑에 집을 짓고 새끼를 치는 제비들을 보게 되었다.
 어미제비는 새끼들이 어느 정도 자랄 때까지 부지런히 먹을 것을 물어다가 날랐고, 새끼들도 열심히 받아먹었다. 그런데 새끼들이 자라 스스로 날 수 있게 되자, 조금도 지체하지 않고 어미가 새끼들을 떠나보내는 것이었다.

"아, 제비도 저렇게 새끼들을 떠나보내는데, 만물의 영장인 인간의 몸을 받아 태어난 내가 자식들에게 집착하여 끙끙대고 있다니…. 할 도리를 다했으면 그만! 집착을 놓으리라."

그리고는 가슴에 맺혔던 것을 훨훨 풀어버렸고, 깊던 병도 곧 낫게 되었다.

§

고양이를 키워 본 사람도 이러한 무집착을 경험했을 것이다.

어미고양이가 새끼고양이를 키울 때는 젖도 부지런히 주고, 조금 자라면 밤잠 안자고 말랑말랑한 새끼 쥐를 잡아다가 먹인다. 조그마한 새끼들을 깊숙한 데다 숨겨 놓고는, 낯선 사람이 어른거리면 새끼와 함께 피하고 달아나곤 한다.

그러다가 새끼고양이가 커서 혼자 다닐 때쯤 되

면 어미고양이는 새끼고양이에게 애정을 주지 않는다. 새끼고양이가 옆에 가기만 하여도 '앵'하고 쫓으면서 정을 끊는 것이다.

우리는 고양이의 이 정 끊는 것을 배워야 한다. 가족이라 하여 애착을 자꾸 키우게 되면, 죽어서 남편은 아내를 찾아다니고 아내는 남편을 찾아다닌다. 또 자식에 대한 집착을 놓지 못하면 죽어서도 자식 곁을 떠나지 못하게 되고 만다.

그렇게 갈 곳을 못가고 가족 곁에 머물게 되면 무엇이 되는가? 바로 귀신이 되고 마는 것이다.

물질이나 일에 대한 집착도 마찬가지다. 죽어서까지 그 물질이나 일을 놓아버리지 못한다.

✿

내가 아는 이 중 김대월이라는 사람이 있었다. 어느 날 그는 나이가 많고 공부를 많이한 유학자가 세상을 떠나자 그의 갓과 두루마기를 가져다가 사용하게 되었다. 그런데 죽은지 몇 년이 지났을 때 김대월의 꿈에 그 유학자가 나타났다.

"네가 이전에 가져간 갓과 두루마기를 내어 놓아라."

"어르신, 당신께서는 몇 년 전에 돌아가셨고 화장까지 했는데, 지금 그 갓과 두루마기를 달라고 하니 어디에 쓸려고 그럽니까?"

"뭐라고? 내가 죽었다고?"

"예, 3년 전에 돌아가시지 않았습니까?"

그러자 그 유학자는 허둥지둥 정신없이 떠나가는 것이었다.

김대월은 그 꿈을 꾼 다음부터 머리가 계속 아파졌고, '안 되겠다' 싶어 갓과 두루마기를 불에 태워버리자 한순간에 머리가 나았다고 한다.

✿

어느 목수가 죽은 다음, '할 일이 없는가' 하면서 일거리를 찾아다녔다. 하지만 귀신이 할 수 있는 일거리가 어디에 있겠는가. 그래서 꿈에 아내를 찾아와 한탄을 하면서 하소연을 하더란다.

"여보, 내가 일을 해야 하는데 아무리 찾아다녀

도 일거리가 없소. 어떡해야 하지?"

※

이처럼 집착과 애착은 무서운 것이다. 물질이나 일에도 집착이 붙으면 죽어서 갈 데도 못가고 주위 사람들까지 괴롭히게 된다.

베푼 다음에는 '내가 누구에게 무엇을 주었다'는 생각을 모두 놓아버리는 무주상보시無住相布施의 정신을 갖추고 살아야 한다.

아무리 사랑스런 자식이라도 때가 되면 놓아 주어야 하고, 평생을 번 재산이나 애지중지하던 물건들, 일생 동안 종사해온 일이라 할지라도 마지막까지 집착해서는 아니 된다.

집착과 애착을 놓아버리면 놓아버리는 만큼 무가애無罣碍라, 일찍 놓아버릴수록 마음에 걸림이 없어지게 되고, 마음에 걸림이 없으면 무유공포無有恐怖, 곧 두려움이 없어져서 자유롭고 평화롭게 살 수 있게 되는 것이다.

5) 명랑明朗

다섯 번째로 명랑明朗이 한냥 들어가야 한다.

사람이 사노라면 잘 되는 일도 있고 뜻대로 되지 않는 일도 있다. 그런데 일이 잘 되지 않으면 비관을 하고 수심에 잠기는 이들이 많다. 이때 비애를 느끼면 몸과 마음에 아주 해롭다.

비관적인 생각을 많이 한다고 하여 일이 잘 되는 것이 아니다. 오히려 일이 잘 되지 않을 때일수록 마음을 명랑하게 갖고 쾌활하면서도 낙천적인 생각으로 살아가야 한다.

"세상 일은 될 만큼 된다고 하지 않았던가. 아직 인연이 성숙하지 않아 지금은 어렵지만, 이 어려움을 잘 넘기고 나면 틀림없이 좋은 시절이 오게끔 되어 있다. 힘을 내자."

이렇게 스스로를 격려하며 밝고 명랑한 마음을 지녀야 한다.

나에게 오는 사람 중에서 사업을 하다가 부도가 나서 돈을 못 갚고 망한 이들이 더러 있다. 그들의 얼굴을 살펴보면 하나같이 수심이 가득하다.

물어보면 백발백중이다. '망했다'고 한다.

그런데 실패를 한 사람의 수심이 가득한 얼굴 때문에 주변 분들에게 돈을 빌리러 가면 아무도 빌려 주지 않는다. 근심걱정이 가득한 것이 도저히 재기할 수 있을 것처럼 느껴지지 않기 때문에 빌려주지 않는다는 것이다.

비록 실패를 했을지라도 '다시 일어설 수 있다'는 자신감을 품고, 명랑하고 쾌활하고 낙관적인 자세로 살아가면 주위에서도 긍정적으로 바라보게 되어 돈도 빌려주고 힘도 실어주는 법이다. 절대로 명랑함과 낙천적인 마음가짐을 잃지 말기 바란다.

낙엽이 땅에 떨어져 있으면 사람도 밟고 개도 밟고 지나간다. 무슨 가치가 있는가? 하지만 그 낙엽도 비바람을 타고 벽공을 활기롭게 날 때가 있다. 낙엽도 벽공을 훨훨 나는데, 만물 중에 가장 슬기로운 사람이 좀 실패했다고 해서 근심걱정에 잠겨 있어서야 되겠는가. 다시 정신을 가다듬고 힘을 내어야 한다.

한 생각 비우고 낙천적이고 생생한 정신으로 일하게 되면, 길이 끊어진 곳에서 다시 살아날 수 있게 되는 법이니, 근심걱정하지 말고 명랑 쾌활하게, 사바세계를 무대로 삼아 평화와 행복의 연극을 한바탕 멋있게 하기 바란다.

6) 인진忍進

여섯 번째는 인진 닷냥〔五兩〕이 들어가야 한다.

인진忍進은 인욕과 정진의 줄인 말로, 육미탕에는 이것이 가장 많이 들어가야 한다.

우리의 일상생활에는 견디기 어려운 고통이 많다. 눈·귀·코·혀·몸·뜻 등의 육근六根에 부딪히는 것들에 대해 좋고 나쁜 갖가지 감정이 생겨나게 되는데, 그 좋고 나쁜 감정대로 살아갈 수는 없다. 좋은 것에 대해서도 푹 빠져들지 말고 참을 줄 알아야 하며, 싫은 것에 대해서도 인내하고 받아들일 줄 알아야 한다.

한漢나라 때의 명장 한신韓信은 천하를 바로 잡을 뜻이 있었으나, 몹시 가난하여 매일같이 회음성淮陰城 밖 냇가에서 낚시질을 하며 소일하였다.

그 냇가에서 몇 사람의 노파가 매일 빨래를 하였는데, 그 중 한 표모漂母는 한신을 불쌍히 여겨 하루도 빠짐없이 밥을 주었다. 이에 크게 감격한 한신은 인사를 하였다.

"언젠가는 이 은혜에 꼭 보답하겠습니다."

그러자 노파가 핀잔을 주었다.

"육신이 멀쩡한 녀석이 제 입 하나 해결하지 못하는 것이 하도 불쌍하게 보여 밥 몇 끼 주어 본 거야. 뭐? 은혜에 보답한다고? 그따위 소리는 하지도 말아라!"

또 회음성 안의 백정 패거리 중에 한신을 업신여기고 있었던 녀석이 하루는 시비를 걸어왔다.

"이봐, 덩치 큰 친구! 꼴은 제법인데 배짱은 빈 껍데기겠지?"

한신은 가만히 있고 구경꾼들이 모여들자, 그는

더욱 기가 살아서 소리쳤다.

"이 쓸모없는 놈. 내 가랑이 밑으로 기어 나가라."

한신은 물끄러미 바라보고 있다가 그 백정의 가랑이 밑으로 기어 나갔고, 이를 본 구경꾼들 모두는 한신을 '바보 천치'라고 불렀다.

한신은 그 뒤에 한나라 유방劉邦을 도와 천하를 평정하고 제왕이 된 다음, 회음성으로 가서 표모를 찾아 천금千金의 상을 내렸다. 그리고 모욕을 준 백정도 불러서 말하였다.

"그대가 나를 가랑이 밑으로 기어가게 하면서 망신을 준 것을 능히 참아가며 공부를 잘 하였기 때문에 오늘의 내가 있게 되었습니다. 고맙소이다."

§

한신과 같은 인욕이라면, 그리고 그와 같은 모독을 향상의 계기로 삼을 수 있다면 어찌 성공하지 못할 일이 있겠는가.

사바세계는 고苦와 낙樂이 상반되는 세계이다. 그러므로 참아야 할 것이 많다. 무슨 일을 하든 목표를 이루고 성공을 하려면 꾹 참을 줄 알아야 한다. 그러면서 용기를 내어 앞으로 나아가는 힘, 곧 정진력이 있어야 한다.

정진은 물이 나아가듯이 하면 된다. 물은 어려운 굽이나 돌과 나무 등의 장애물에 부딪힐 때 더욱 더 용기를 내고 소리를 지르며 허공으로 솟구쳐 오른다. 또 내려가다가 큰 웅덩이를 만나면 많은 물이 모일 때까지 기다렸다가 그 웅덩이를 벗어난다.

아무런 용맹도 없어 보이는 물이 장애를 만나면 용기를 더 내는 것과 같이, 우리 또한 어려운 일을 만날 때 더 용기를 내어 정진해야 한다.

'나는 불법을 믿는 대장부다. 사람이 할 수 있는 일은 무엇이라도, 어떠한 큰일이라도 해낼 수 있다.' 이렇게 다짐하면서 용기를 불러일으켜 정진해야 한다. 과연 그때의 결과가 무엇이겠는가?

성공과 평화와 행복이 나와 함께할 수밖에 없다.

❀

 이상의 신심·말조심·망상조심·무집착·명랑·인진 등의 여섯 가지 약재를 사용하는 육미탕을 달이는 방법은 아주 특이하다.
 우선은 젖지 않는 물을 넣어야 한다. 그리고 조금도 뜨겁지 않은 불로 달여서 밑없는 그릇에 담아 매일 한 잔씩 먹어야 한다. 이렇게 먹으면 모든 마음의 병이 치료되어 행복과 평화와 대자유가 가득한 원래의 몸을 회복하게 되는 것이다.
 이 세상에는 좋은 이도 살고 나쁜 이도 살고, 어진 이와 협잡꾼 등 별별 사람들이 어울려서 사는데, 이 모든 사람이 한 생각의 차이에서 엄청나게 딴 사람으로 바뀐 것이다.
 한 생각 차이에 성현도 되고 범부도 되고 악한 사람도 되고 착한 사람도 되니, 모름지기 한 생각을 잘 돌이켜야 한다. 그리고 한 생각을 잘 돌이키게 하는 불교를 굳건하게 믿고 불교의 가르침을 일상생활에 응용하면, 틀림없이 행복하고 평화롭고 진리에 입각한 삶을 성취할 수 있게 된다는 것을 결코 잊지 말기 바란다.

  天靑日頭出 천청일두출
  雨下地上濕 우하지상습
  盡情都了說 진정도요설
  只恐信不及 지공신불급
  하늘이 맑으니 해가 빛나고
  비가 내리니 대지가 젖누나
  이제 내 생각 다 설파했으니
  다만 믿지 않을까 두렵도다

"할〔喝〕."
하시고 법좌에서 내려오시다.

제 2 편

삶과 도道

IV

'나'의 참생명은 도道

삶 속에 도道가 있다

부처님의 정법안장正法眼藏! 그 오묘한 도道(진리·불법·선)는 말로써 표현할 수 있는 것도, 글로써 보일 수 있는 것도 아니다.

목격이도존目擊而道存이라, 눈이 마주치는 곳에 도道가 있다. 척 보면 알아야지, 설명을 듣고 아는 것은 저 문 밖의 소식이다. 그뿐 아니다. 입을 열지 않거나 닫지 않는다고 하여도 도와는 팔만 사천 리나 멀어진다.

정법안장은 일체의 이름과 모양이 뚝 떨어진 자리여서, 그 어떤 상대적인 말로 설명하려 해도 맞지 않는 것이다.

그러므로 종사가 설하는 도의 법문은 아무 말도 하지 않는 가운데 있고 종사宗師가 법좌法座에 오르기 전에 있으며, 청중이 자리에 앉기 전에 있고 청중이 '오늘 종사께서 무엇을 설하시려는가' 하는 생각을 일으키기 전에 법문이 있는 것이다.

더 나아가, '종사가 법상法床에 오르기 전에 법문은 이미 다 되었고, 청중이 자리에 앉기 전에 법문은 다 하여 마친 줄을 알아야 한다', 이 소식을 분명히 알 때 도는 나와 더불어 한 몸이 되고, 나는 도 그 자체로서 살아갈 수 있게 되는 것이다.

그러나 번뇌망상이 많은 범부로서는 나의 말이 요원하게 들릴 수 밖에 없다. 진리에 관한 법문은 깊은 통찰과 수양을 통해서만 계합할 수 있기 때문이다.

도는 결코 멀리 있는 것이 아니다. 세수하고 옷 입고 밥 먹고 밥그릇 씻는 거기에 모든 것이 다 들어 있다. 오히려 이 도는 공기나 물과 같아서 우리가 느끼지는 못하지만, 그것이 없으면 일체의 생물이 살아남지 못하게 되는 무한한 생명의 원천이다.

일상생활 속에서 이 도와 더불어 살아가고 있는 존재가 중생이지만, 중생은 도가 무엇인지를 모른다.

진정 도는 어디에 있는가?

일념미생초一念未生初(한 생각 일어나기 전)에 도가 있고 눈과 눈이 서로 마주쳐 보는 데 도가 있고, 중생의 일상생활에, 삼라만상에 다 도가 있다.

우리가 오고 가는 데 도가 있고, 물건을 잡고 놓는 것이 곧 도이건만, 사람들은 눈이 어두워 딴 곳에서 도를 찾으려 한다.

어느 것이고 도 아님이 없고 눈앞에 도가 있건만, 눈이 멀고 귀가 막혀 보지도 못하고 듣지도 못한다.

물론 이 대도大道는 대·소변 보는 일에도 깃들어 있다. 그래서 나는 극락암의 소변소 이름을 '휴급소休急所'라 하고, 대변소를 '해우소解憂所'

라고 이름지었다.

 아무리 바쁜 일이 있어도 오줌이 마려우면 소변부터 보아야지 별 수가 없다. 그러므로 소변소에서 급한 마음을 좀 쉬어가라는 뜻으로 휴급소라 한 것이다.

 그리고 음식을 먹을 때는 좋지만 배에 가스가 꽉 차 있으면 배설을 시켜야 속이 편하고 좋듯이, 마음속에 차 있는 못된 생각, 하찮은 생각, 어두운 생각을 확 비워버려야 한다는 뜻에서 해우소로 이름지은 것이다.

 도를 구하는 이, 행복과 성공을 체험하기 위해 노력하는 사람이라면 밥 먹고 옷 입고 대소변 보는 평상平常의 일 그 자체가 도요 도행道行임을 알아야 한다. 이것이 평상심시도平常心是道이다.

 만약 우리가 분별망상을 일으키기 전의 고요하고 또렷한 평상심이 도道라는 것을 깨닫고 생활한다면, 이 사바세계를 무대로 삼아 한바탕의 연극을 참으로 멋있게 연출할 수가 있다.

무상無常한 인생살이

그러나 범부는 '평상심'이 도道라는 것을 알지 못한다. 더욱이 덧없는 인생의 실체나 자기 내면의 능력을 깨닫지 못한 채, 달콤한 꿀물 같은 욕망을 좇아 끝없는 방황의 길을 걸어가고 있다.

참으로 잘 살기 위해서는, 최상 깨달음인 무상보리無上菩提를 이루기 위해서는 무엇보다도 제행무상諸行無常을 올바로 파악하고, 꿈같은 인생살이에서 깨어나고자 해야 한다.

곧 인생무상을 체득하여야 위없는 깨달음[無上菩提]을 이루겠다는 무상발심無上發心을 잘 할 수 있는 것이다.

스무 살이 조금 넘었을 무렵, 나는 포교를 위해 온 동네를 다니며 설법을 했다. 이무기·뱀·쥐·코끼리·칡덩굴 등을 그린 울긋불긋한 그림을 막대기에 걸어 놓고 요령을 마구 흔들면, 무엇인가 싶어서 어른 아이는 물론이요 들판에서 일하던 일꾼까지 쫓아온다.

그래서 그 사람들을 모아 놓고 법문을 하였다. 가을이라 곡식도 거두어야 하고 할 일도 많은데, 어느 승려가 와서 울긋불긋한 것을 걸어 놓고 요령을 흔드니, 그것을 구경한다고 일이 잘 될 수가 없다. 그러니 주인이 와서 사정을 한다.

'대사님! 그만하고 가 주십시오. 말씀 다 들으려 하다가는 일을 못하겠소.'

그러면 모르는 체하고 비켜 주기도 했다.

그때 설한 법문의 내용은 바로 안수정등岸樹井藤의 법문인데, 이를 요약하면 다음과 같다.

❀

한 사나이가 가없이 넓은 벌판을 걸어가고 있

다. 평화로운 듯하면서도 묘한 분위기가 풍기는 벌판이다.

그런데 갑자기 사방으로부터 사나운 불길이 일어났고, 그는 불속에 포위되고 말았다. 당황하여 어쩔 줄 모르고 있는데, 불현듯 미친 코끼리 한 마리가 나타나 잡아먹을 듯이 사납게 덤벼드는 것이 아닌가?

그는 황급히 도망을 치다가 눈앞에 나타난 큰 나무 위로 죽을힘을 다해 올라갔고, 코끼리는 나무 위를 쳐다보며 그가 내려올 때만을 기다리고 있었다.

시간이 지나자 사나이는 배가 고프고 갈증이 나서 견딜 수가 없었다. 탈출할 길을 찾다가, 나무에 얽혀 있는 칡덩굴이 아래쪽의 크고 깊은 우물로 드리워져 있는 것을 발견하였다. 그는 위험을 무릅쓰고 칡덩굴에 매달려, 조금씩 조금씩 아래로 내려가 우물 속으로 들어갔다.

그러나 우물 속에는 용이 되려다가 뜻을 이루지 못한 이무기 세 마리가 떨어지면 잡아먹겠다며 큰 입을 벌리고 있었고, 우물가에는 독사 네 마리가 혀를 날름거리며 잔뜩 노려보고 있었다.

  식은땀을 흘리면서 목숨 줄인 칡덩굴에 꽉 매달려 있었지만, 차츰 힘은 빠지고 손은 저려왔다. 그나마 빨리 떨어지라고 우물 위쪽에서 흰쥐와 검은 쥐가 교대로 칡덩굴을 야금 야금 갉아먹고 있는 것이 아닌가!

  '죽었구나' 싶어서 칡덩굴만 잡고 있는데, 갑자기 입속으로 달콤한 액체 한 방울이 들어왔다. 고개를 들어 보니 벌이 나무 구멍에 지어 놓은 벌집에서 꿀이 한 방울씩 똑똑 떨어지는 것이었다.

  '아, 달콤한 이 맛!'

  그 다디단 꿀은 모든 것을 잊게 하였다. 사나이는 달콤한 한두 방울의 꿀을 받아먹는 재미에 빠져 현재 그가 처해 있는 인생의 괴로움과 죽음의 두려움을 모두 잊어버리고, 꿀이 떨어지기를 기다리며 마냥 매달려 있었다.

안수정등岸樹井藤은 인생을 벌판(岸)과 나무(樹)와 우물(井)과 칡덩굴(藤)로 엮어서 만든 이야기이다.

나는 왜 이 안수정등의 법문을 그토록 열심히 설하였던가? 인생의 실체가 무상임을 깨닫도록 하여야 위없는 도를 닦겠다는 무상보리심無上菩提心을 발할 수 있다고 확신하였기 때문이다.

가없이 넓은 들녘에 태어나서 죽음을 향해 가는 인생살이. 그곳에는 생로병사生老病死의 욕화欲火가 사방으로부터 끊임없이 일어나고 있으며, 그 벌판에 사는 무상無常의 살귀殺鬼인 미친 코끼리는 특정한 때를 가리지 않는다.

코끼리를 피해 올라간 나무는 사람의 몸이고, 아래의 우물은 황천, 칡덩굴은 목숨줄이다. 언제나 황천을 향하고 있는 우리의 몸은 칡덩굴에 의지하여 잠시 목숨을 부지하고 있는 형국이다.

하지만 이것이 끝이 아니다. 탐욕과 성냄과 어

리석음의 삼독三毒은 세 마리의 이무기가 되어 입을 벌리고 있고, 육체의 구성요소인 지·수·화·풍 地水火風의 네 마리 독사는 죽은 뒤 육체의 기운을 다시 회수해 가기 위해서 기다리고 있다.

더욱이 해와 달을 상징하는 흰쥐와 검은 쥐는 번갈아 가면서 세월을 갉아먹고 있는 것이 아닌가? 세월이 흘러 칡덩굴을 다 갉아먹으면 우물 속 황천으로 떨어질 수밖에 없다.

그렇지만 오욕락五欲樂의 꿀물은 너무나 달콤하다. 무상이 눈앞에 가득하지만 달콤한 꿀 한 방울 받아먹는 재미로 생사를 뛰어넘는 공부를 팽개치고 죽어가는 것이다.

자, 이 형국이 어떠한가 한번 상상해 보라. 우리가 이 세상에 살면서 온갖 걱정을 하는데, 자식 걱정 돈 걱정 따위는 이것과 비교가 되지 않는다. 그럼 어떻게 해야 하느냐? 지금이라도 인생의 무상함을 올바로 직시하고 무상발심無上發心을 하여야 한다.

생생한 산 정신으로 깨어나 무상無常을 넘어서고, 이 사바세계를 무대로 삼아 맡은 바의 배역을 한바탕 멋있게 연출하는 참된 생활인이 되어야 한다. 그리고 부처님의 아들딸답게 부처의 자리를 향해 나아가야 한다.

자성이 곧 부처

부처님의 자리. 과연 어떻게 해야 그 자리로 나아갈 수 있는가?

무엇보다 먼저 '자성불自性佛'의 진리를 깨우쳐야 한다. 우리의 자성이 부처라는 것을 깨우쳐야 한다는 말이다.

부처〔Buddha〕를 번역하면 각자覺者요, 각은 깨달음이다. 무엇을 깨닫는가? 참된 나인 진아眞我, 변하지 않는 나의 본성인 자성自性을 깨닫는다는 것이다.

뜨거운 것은 불의 성리性理요 젖는 것은 물의 성리이듯이, 일상생활의 모든 일 속에서 깨달아 아는 것이 사람의 성리이다.

그럼 깨달을 줄 아는 주인공은 무엇인가? 깨달아 아는 주체는 마음이요, 그 마음에 대한 깨달음이 온전한 이가 부처이다.

이 마음과 부처는 둘이 아니다. 마음을 떠나서 별다른 부처가 없고 부처를 떠나서 따로 마음이 없나니, 늘 변함없는 청정한 그 마음이 자성의 부처〔自性佛〕인 것이다.

석가모니 부처님께서 6년 고행 끝에 발견한 것은 이 '자성불自性佛'이었다. 능히 보고 듣고 깨달아서 아는 자기 부처를 발견하셨고, 이 자성불을 발견함으로써 우주의 진리를 체득하신 것이다.

이 진리가 바로 '도道'요 우리 인생의 생명이다. 이 도를 찾아야만 자기의 참 생명을 찾을 수 있는 것이다.

나의 참생명을 찾으려면 자성불을 발견해야 하는데, 이 자성불은 우리의 마음뿐만 아니라 감각

기관 그 하나하나에까지 다 있고, 언제나 그 자성불이 설법을 하고 있다.

곧 양쪽 눈에는 해와 달의 빛과 같은 일월광명세존日月光明世尊이 있어서 상주설법常住說法을 한다. 귀에는 성문여래聲聞如來라는 소리를 듣는 부처님이 있어서, 온갖 소리를 듣고 나서 알려주는 것으로 설법을 한다. 코에는 온갖 냄새를 다 아는 향적여래香積如來가 있어서 언제나 설법을 하고, 입에는 법희여래法喜如來가 있어서 끊임없이 설법을 한다.

그런데도 사람들은 자기에게 있는 부처님의 법문은 들을 줄을 모른다. 오히려 어디서 법문을 한다고 하면 그곳을 찾아가기 바쁘고, 자기 양심의 소리보다는 다른 사람의 말만을 들으려 한다.

그리고 나의 이 설법에 대해서도 누군가는 의문을 던질 것이다.

"무상하고 냄새나는 이 몸뚱이가 어떻게 부처일 수 있는가?"

만약 이와 같은 질문을 할 수 있는 이라면 오히려 능히 자기한테 있는 부처를 찾아 나아갈 수 있고, 반드시 자기의 온몸 그대로가 부처라는 진리를 깨달을 수가 있다.

『화엄경』에서는, "눈·귀·코·입뿐만 아니라 뭇 생명 있는 이의 털구멍 하나하나에도 부처님이 있다."라고 하였다.

그러나 중생인 우리는 몸을 무상하고 하잘 것 없는 것으로 파악한다. 그리고 눈에 보이고 귀에 들리는 것만을 집착하고 받아들이고자 한다.

만약 산 정신으로 살고자 하면 감각기관 모두가 살아 있어야 한다. 그곳에 언제나 살아 있는 부처가 머물면서, 있는 그대로의 빛깔을 보고 소리를 듣고 향기를 맡고 환희로운 진리의 설법을 할 수 있어야 한다.

우리의 몸은 무어라 말할 수 없을 정도로 좋은 보배이다. 이 보배를 참으로 잘 써야 하는데, 보검으로 소 잡고 개잡듯이 잘못 쓰다가 땅 밑으로 들어간다.

경주 불국사의 석가탑과 다보탑을 우리 몸에 대비시켜 예를 들어 보자. 열반에 드신 석가모니를 상징하는 석가탑은 5층이고, 열반에 들지 않으신 다보여래多寶如來를 상징하는 다보탑은 11층인데, 우리의 몸은 석가탑도 되고 다보탑도 된다.

왜 5층의 석가탑인가? 발목까지 일층, 무릎까지 이층, 허벅지까지 삼층, 목까지 사층, 머리부분이 오층이니, 석가탑은 우리 몸을 상징적으로 표현한 5층탑이다.

어째서 11층인 다보탑이 되는가? 5층 석가탑에다 손가락과 팔의 관절 여섯 부분을 합하면 11층이 된다. 팔을 번쩍 들어 올리면 11층의 다보탑이 되고, 내리면 5층의 석가탑이 되는 것이다.

석가탑에는 부처님의 사리舍利만 봉안되어 있지만, 자기 5층 석가탑에는 생불生佛이 들어 있어서 오고 가는데 자유자재하다. 아주 편리한 5층

탑인 것이다.

우리가 수행을 하고 정신을 집중하며 사는 목적은 불생불멸不生不滅의 참된 생명을 갖자는 데 있다. 욕락欲樂과 근심걱정에 묻혀서 살아가는 허무한 생활을, 본래의 티 없이 맑고 깨끗한 마음자리로 환원還元해야 한다는 말이다.

마음의 당체當體로 환원하여 자성불을 발현시킬 때 우리는 원을 성취하여 크게 성공하고 부처가 되는 것이다.

바라건대 무상하고 꿈같은 인생의 실체를 한 번 잘 돌아보기 바란다. 인생무상人生無常을 크게 느끼면 느낄수록 무상보리심無上菩提心을 확고히 발할 수 있으며, 무상보리심을 확고히 발하면 그만큼 자성불自性佛의 증득이 빨라지기 마련이다.

이 무상하고 꿈같은 인생! 일어나는 한 생각 따라 갈팡질팡하는 이 인생유전을 도행道行으로, 행복의 길로 바꿀 수 있는 기회는 바로 '지금 이 자리'이다. 지금 이 자리에서 다시 한 번 인생의 실체를 돌아보면서 주인공을 찾고 부처님 되는 길로 나아가기 바란다.

"할〔喝〕."
하시고 법좌에서 내려오시다.

V

주인공을 찾아라

'나'의 참된 주인공은?

누구든 한 생각 한 생각을 바르게 하면 부처님의 경계로 들어가고, 한 생각 한 생각이 어두우면 고되고 힘든 육도 윤회의 삶을 면하지 못한다.

이 한 생각은 멀리서 오는 것이 아니다. 한 생각을 내는 주인공은 언제나 '나'와 함께 하여 조금도 여읜 때가 없다. 만약 한 생각을 잘 다스려 탐貪(탐욕)·진瞋(분노)·치癡(어리석음) 등의 번뇌망상을 잘 극복하면 얼마든지 멋진 삶을 살 수가 있다.

잠시 한 생각을 돌이켜, 이것 때문에 탐·진·치가 일어나 인생을 망치는데도 불구하고 우리 모두가 그토록 애지중지하는 몸뚱이에 대해 살펴보자.

우리의 몸뚱이는 여러 가지의 인연들이 모여서 이루어진 것으로, 그 인연들이 다하면 사라져버릴 물건이다. 높고 힘찬 울음소리를 터뜨리며 이 세상에 태어난 뒤로, '부모다·부부다·자식이다·돈이다·출세다·명예다' 하면서 단맛 쓴맛을 고루 겪다가, 늙음이 오고 병마가 닥치면 자리에 누워 신음한다. 고통이 심해지고 신음이 높아지면 숨결도 가빠진다.

결국 숨 한번 되돌리지 못하면, 들어갔던 숨이 나오지 않으면 이 몸은 죽고 만다. 물론 가족들은 울고불고 야단법석을 떨며 이별을 슬퍼하지만, 이 죽은 물건(몸뚱이)을 오래 놓아 둘 수도 없다. 날씨가 좋다고 해도 닷새면 썩기 시작하고, 이레가 넘으면 독한 냄새와 함께 벌레마저 생긴다. 이렇게 되면 화장이나 매장을 하지 않고는 견딜 수가 없다.

지금은 생생하게 살아 있는 이 몸도 죽어서 화장을 하면 한 줌의 재로 돌아가고 매장을 하면 한

줌의 흙으로 사라진다. 자세히 그려보라. 이 몸뚱이의 인연이 다하는 그때를.

그런데 이것이 끝이 아니다. 이 몸뚱이가 지은 업 때문에 다시 태어나야 한다. 과연 다음에 태어날 곳은 천상인가 지옥인가 인간인가 축생인가 아귀인가 아수라인가? 나의 주인공이 무엇인지를 분명히 밝히지 못하면 죽고 난 다음에 어디가 어디인지조차 분간하지 못한다.

그러니 이 몸에 대해 철저히 무상無常을 느끼고 참된 주인공을 찾는 공부를 지어가야 한다. 무상을 느끼지 못하면 이 몸을 위하기에 바빠 제대로 정진을 할 수가 없는 것이다.

여러분에게 묻노니, 죽은 다음 과연 어디로 갈 것으로 느껴지는가?

가는 곳을 분명히 알고 참된 주인공이 무엇인지를 확실히 알고자 하면, 그리고 참으로 멋있게 살고자 하면, 다른 데 정신을 팔지 말고 지금 이 자리를 잘 살펴야 한다. 목전目前을 잘 살펴야 하는 것이다.

  과연 무엇이 있어 지금 이 자리에서 뚜렷이 밝고 지극히 신령하게〔昭昭靈靈 소소영령〕생각하고 말하고 행동하는가? 이 소소영령 한 것을 찾아내어 갈고닦아야 한다. 이것이 바로 참된 나를 찾는 지름길이다.

  석가여래께서 설산에서 고행하신 까닭이 무엇이었겠는가? 바로 이것 때문이었다. 이 소소영령 한 마음자리를 찾아 진짜 나를 되찾기 위함이었다.

  그럼 참된 주인공을 발견하려면 어떻게 해야 하는가? 이 몸뚱이에 사로잡혀 살거나 겉껍질을 씹으며 살아서는 안 된다. 겉껍질을 씹고 겉모양에 집착한 채 혼란한 정신과 암담한 마음으로 일상생활에 임한다면 절대로 참된 주인공을 만나지 못한다. 그렇다고 잘 살기나 하는가? 아니다. 그저 갈팡질팡할 뿐이다. 앞길이 캄캄하여 아무것도 보이지 않게 된다.

신찬선사와 스승 이야기

 이제 겉껍질과 겉모양에 집착한 채로 살다가 한 생각 돌이켜 깨달음을 이룬 옛 도담道談 한 편을 살펴보자.

❀

 옛날 중국 당나라 때에 신찬선사神贊禪師라는 분이 있었다.
 고향에 있는 대중사大中寺라는 절로 출가하여 은사스님을 모시고 있었는데, 은사는 당시 중국 땅에서 크게 유행을 하고 있던 참선은 전혀 하지 않고, 오로지 경전만을 보고 있었다. 경전을 보면서도 깊은 뜻은 새기지 않고 독경만 열심히 하였기에, 신찬스님이 가끔씩 읽고 있는 경전의 내용을 물으면 제대로 된 답을 주지 못하였다. 신찬스님은 생각했다.

'저렇게 형식적으로 경전을 보아서는 부처님이 영산회상靈山會上에서 꽃을 들어 보이신 소식을 깨닫거나 생사를 넘어서는 대해탈을 이루기가 힘들지 않을까? 나는 생사문제를 해결하는 것이 급한데…. 다른 선지식을 찾는 것이 좋을 듯하구나.'

이렇게 작정하고 은사를 하직한 다음, 대선지식이신 백장화상百丈和尙 밑에서 수행하여 도를 깨달았다. 그리고 다시 대중사로 돌아오자 은사스님이 물었다.

"내 곁을 떠나가서 무엇을 익히고 왔느냐?"

"아무것도 익힌 바가 없습니다."

이 말에 산 법문이 담겨 있건만 은사스님은 관심도 두지 않았다. 신찬스님이 사찰 내의 일을 돌보면서 은사를 살펴보니 예전처럼 큰소리를 내어 열심히 경전을 읽고 있었다.

'아, 은사스님은 여전히 문자에만 끄달린 채 조박糟粕만 씹고 있구나.'

'조박'은 깨로 기름을 짜고 남은 깻묵을 말하는데, 깊은 뜻은 체득하지 않고 문자만 들여다보고 있는 것이 기름은 먹지 않고 깻묵만 씹고 있는 것이나 마찬가지라는 뜻이다.

하루는 은사가 목욕을 하다가 선사에게 '등을 밀어라'고 하였다. 선사는 등을 밀면서 말하였다.

"불전佛殿은 좋은데 부처가 영검치 못하구나."

스승이 고개를 돌리며 바라보자 또 말하였다.

"영검치 못한 부처가 광명을 놓을 줄은 아는구나."

말속에 뼈가 있는 듯하였지만 스승은 깊이 생각하지 않고, 목욕을 마친 다음 평소처럼 경전을 읽었다.

때마침 벌이 방으로 들어왔다가 막혀 있는 봉창으로 나가려고 애를 쓰고 있었다. 이를 보며 신찬선사가 게송을 지었다.

열린 문으로 나가려 하지 않고
봉창을 치니 크게 어리석다
옛 종이를 백 년 뚫는다 한들
어느 날에 나갈 수 있겠는가

空門不肯出　공문불긍출
投窓也大癡　투창야대치
百年鑽古紙　백년찬고지
何日出頭時　하일출두시

공덕 삼아 형식적으로 경전을 읽어서는 생사 해탈을 할 수 없다는 뜻이다.

스승도 눈치가 없지는 않았다. 목욕을 할 때 들은 말과 지금 외운 게송을 새겨보다가 문득 느꼈다.

'필시 신찬이가 깨달았는가 보다.'

그리고는 읽던 경을 덮으며 물었다.

"너의 말을 듣자 하니 매우 이상하구나. 신찬아, 지난번에 나를 떠나 누구를 만났더냐?"

"저는 백장화상으로부터 쉴 곳을 가르쳐 주심을 받았습니다. 이제 은사스님의 덕을 갚으려 할 뿐입니다."

이에 스승은 대중에게 공양을 차려 잘 대접한 다음 신찬선사에게 설법을 청하였으며, 선사는 법상에 올라 설법을 하였다.

> 신령스런 광명이 홀로 빛남이여
> 육근과 육진을 초월한 자리로다
> 참되고 항상된 몸이 드러나 있거늘
> 어찌 문자에 구속되고 끄달리랴
> 참된 본성은 더럽혀짐이 없고
> 본래부터 스스로 원만성취되어 있네
> 다만 허망한 인연만 떨쳐 버려라
> 곧 그대로 한결같은 부처이니라
>
> 靈光獨露 영광독로
> 迥脫根塵 형탈근진
> 體露眞常 체로진상
> 不拘文字 불구문자

眞性無染 진성무염
本自圓成 본자원성
但離妄緣 단리망연
卽如如佛 즉여여불

스승은 이 게송을 듣고 깨달아 크게 환희하였다.
"늘그막에 이런 지극한 법문을 들을 줄이야 누가 알았으랴!"

연꽃 같은 주인공

 이 이야기 속에는 두 개의 게송이 있다. 그중 '공문불긍출空門不肯出'로 시작하는 앞의 게송은 스승의 수행을 경책 한 것과 동시에 우리의 삶을 꼬집고 있다. 기름을 짜다 남은 깻묵인 조박만을 씹는 삶을 살아서는 절대로 행복하고 자유롭고 평화로운 삶을 살 수가 없는 것이다.

 인생에는 4대의혹四大疑惑이 있다.
① 내가 나를 모르고
② 자기의 소소영령 한 것이 어느 곳에 있다가 부모 태중으로 왔는지도 모르고

③ 죽으면 어디로 가는지를 모르고
④ 죽는 날이 언제인지를 모른다. 중생은 이 네 가지를 몰라서 갈팡질팡하고 있다.

자다가 다리가 하도 가려워서 한참을 긁다가 도무지 시원치 않아 눈을 뜨고 보니 옆 사람의 다리를 긁고 있었다는 것과 같이, 인생의 의혹들을 알지 못하는 우리의 삶도 남의 다리를 긁는 것과 같은 것이다.

곧 첫 번째 게송은 우리가 인간의 몸을 받은 이 한 평생을 되는 대로 그냥 그냥 산다면 어느 날에 갇힌 방을 벗어나고, 어떻게 생사윤회의 삶에서 벗어 날 수 있겠는가를 일깨워주고 있다.

이제 '영광독로靈光獨露'로 시작되는 두 번째 게송을 음미해보라.

뚜렷이 밝고 지극히 신령한 주인공은 조금도 감춤 없이 언제나 홀로 당당하게 있다. 눈·귀·코·혀·몸·뜻의 육근六根과 모양·소리·냄새·맛·감촉·법의 육진六塵을 모두 초월하였는데, 무슨 시절이 따로 있고 장소가 따로 있겠는가.

 아무런 망상 없이 늘 노출되어 있는 참된 주인공은 어떠한 문자에도 걸림이 없을 뿐 아니라 생사生死에도 걸림이 없는 것이다.

 또한 참된 주인공은 물듦이 없다. 흡사 연꽃에다 똥물을 붓고, 청·황·적·백·흑의 온갖 색깔을 부어도 물들지 않는 것과 같다. 닿기는 닿지만 조금도 물들거나 묻지 않는다.

 연꽃을 진흙에 박았다가 빼내어도 조금도 흙이 묻거나 더럽혀지지 않듯이, 우리 참된 성품에는 모든 더러운 것을 묻히려 해도 묻힐 수가 없는 것이다. 자기 스스로가 망상을 피우면 피웠지, 본래부터 원만하게 이루어져 있는 이 자리는 너무나 높고 커서 조금도 어리댈 수가 없는 것이다.

 그래서 '다만 허망한 인연만 떨쳐버리면 늘 한결같은 부처가 온전히 드러나고 온전히 작용할 수 있다'고 한 것이다.

이런 이야기를 들려주면 많은 사람들이 '좋아라'고 한다. 깊은 뜻은 잘 모르지만 본성에 관한 법문이기 때문에 통쾌해하고 즐겨 듣는 것이다. 하지만 뜻대로 마음대로 살려면 자꾸자꾸 닦아야 한다.

사람들은 걸핏하면 '마음대로 되지 않는다', '뜻대로 안된다'는 말을 자주 한다. 마음이 무엇인지를 모르는데 마음대로 될 리가 없고 뜻대로 될 리가 없다. 마음대로·뜻대로 하려면 참된 나를 찾아야 하고, 참된 나를 찾으려면 정신을 통일해야 한다.

우리들의 생활은 무척 고되고 바쁘다. 아무리 바쁘더라도 마음을 찾아보겠다는 생각만 있으면 정신통일을 시도해 보는 것은 그렇게 어려운 일이 아니다.

일상생활 가운데 아홉 시간 일하고 다섯 시간 쉬고 여섯 시간 자면 네 시간이 남는데, 이 네 시간을 TV를 보거나 무료하고 한가하게 보낼 것이 아니라, 한 시간이라도 좋으니 마음을 모아 참선·염불·사경·독경·기도 등의 정진을 해야 한다. 매일 조금씩 정진을 계속하면 자신도 모르게 정신이 집중되며, 무어라고 표현할 수 없는 묘妙를 얻게 된다.

이렇게 하여 정신집중의 상태를 이끌어 가게 되면 마침내는 일할 때나 잠 잘 때나 밥 먹을 때나 쉴 때를 가릴 것 없이 어느 때이고 정신이 집중되어 흐트러지지 않는 일념一念의 경지에 몰입하게 되며, 근본적으로 순수한 동심의 세계로 돌아가게 된다. 인생의 근본 문제인 생사를 초월하는 길로 들어서게 되는 것이다.

또한 '어떻게 살아야 하는가' 하는 인생의 노선에 대해 확신을 할 수 있게 되어 불안과 초조와 번민 때문에 흔들리지 않을뿐더러 모든 어려움을 일시에 극복할 수 있게 되는 것이다.

꼭 바른 한 생각으로 마음을 모아 매일매일 참선·염불·주력기도·사경·독경 등의 수행을 행하여, 멋진 장부의 삶을 성취하기 바란다.

  魚躍千江水 _{어약천강수}
  龍騰萬里雲 _{용등만리운}
  고기는 일천 강물에서 뛰놀고
  용은 만리 구름 위를 오르누나

"할〔喝〕."
하시고 법좌에서 내려오시다.

VI

참선 주인공을 찾는 방법

'이 무엇고' 화두

 불교에서는 정신통일을 이루고 깨달음의 세계로 나아가는 가장 좋은 수행법으로 참선參禪을 들고 있다.
 참선이란 무엇인가? 참선은 도요, 도는 진리이며, 진리는 인생의 자기 생명을 찾는 일이다. 우리들의 마음을 안주시킬 최상의 안심입명처安心立命處로 돌아가는 수행법이다.
 그런데 이 참선수행을 잘 하려면 먼저 삶의 문제를 한 번 깊이 있게 생각해 보아야 한다.

 삶이 무엇이며 어떻게 살아야 잘 사는 것인가?

잘 입고 잘 먹고 높은 지위에 오르는 것이 잘 사는 것인가?

대부분의 사람들은 이에 대해 깊이 생각하지 않고 남따라 그냥 그냥 살아간다. 무엇 때문에 사는지, 그 사는 목적을 아는 사람마저 별로 없다. '일을 합네' 하면서 바삐 지내지만, 죽으면 그만이지 무슨 특별한 자취가 있는가?

참선 수행을 잘 하려면 적어도 한차례는 무엇 때문에, 무엇을 위해서 사는 것인가? 그 사는 목적이 무엇인가를 깊이 있게 생각해 보아야 한다. 그리하여 삶의 참된 주인공, 내 인생의 참된 생명을 찾겠다는 결심을 한 다음에 참선 수행을 시작해야 한다.

그럼 무엇에 의지하여 참선 공부를 해야 하는가? 참선법에 몇 가지가 있지만, 우리나라에서는 아주 오래전부터 화두참선법話頭參禪法에 의지하고 있다. 화두를 들고 참선공부를 하는 것이다.

화두는 무려 1천7백 가지나 된다. 그중에서 나

는 이 몸 끌고 다니는 주인공을 밝히는 '이 무엇고〔是甚麼〕' 화두와, 부모 태중으로 들어가기 전의 본래 면목을 밝히는 '부모미생전본래면목父母未生前本來面目' 화두로 지도하고 있는데, 특히 '이 무엇고'를 많이 권장하고 있다.

'이 무엇고〔是甚麼〕' 화두는 이 몸 끌고 다니는 진짜 주인공이 무엇인지를 찾는 화두이다.
 우리는 매일매일 세끼 밥을 먹고 있다. 그런데 진짜 밥 먹는 놈이 무엇인지를 아는가? 하루 종일 움직이는데, 진짜 움직이는 놈이 무엇인지를 알고 있는가? 하루 종일 보는데, 진짜 보는 놈이 무엇인지를 알고 있는가? 하루 종일 소리를 듣는데, 진짜 듣는 놈이 무엇인지를 알고 있는가?

 한 번 물어보라. 묻고 또 물어보라.
 '듣는 것이 무엇이고 말하는 것이 무엇이냐?'며 되묻고 되물어도 그저 '모르겠다'는 막막한 메아리뿐이다. 매일매일 이놈을 쓰면서도 모르니 점

Ⅵ. 참선, 주인공을 찾는 방법 · 129

점 가슴이 답답해질 뿐이다.

상식으로야 입이 밥을 먹고 다리가 걷는다고 할 수도 있다. 그렇다면 죽은 송장도 다리가 있으니 걸을 수 있고, 눈이 있으니 볼 수 있을 것이 아닌가? 송장은 볼 수도 들을 수도 걸을 수도 없다. 무엇인가 분명히 보고 듣고 걷게 하는 놈이 있는데, 그것이 무엇인가를 알아야 할 것이 아니겠는가 말이다.

나를 찾아오는 사람들에게 이런 이야기를 하면서, '이 몸 끌고 다니는 주인공이 무엇인가'를 물으면 별생각 없이 '모르겠다'고 하는 이가 대부분이다.

그런데 가끔씩은 '마음이요'라고 답하는 이들이 있다. 그래서 '마음이 어떤 것이냐'고 물으면 '모르겠다'고 한다. 또 어떤 사람은 '정신' 또는 '혼'이라고 대답을 하지만, '정신이 어떤 것이고 혼이 무엇이냐'고 물으면 역시 모른다고 대답한다. 그러니 무엇이 이 몸을 끌고 다니는지를 모르고 있는 것이다.

 이 몸은 이론적으로, 과학적으로, 생리적으로, 철학적으로 따져 봐야 부모의 물건이다. 결국 남의 물건을 받아가지고 끌고 다니는 것일 뿐, 이 몸이 진짜 주인공은 아니다. 이 몸을 운전하는 운전수가 바로 참된 나인 것이다.
 남의 차를 잠시 얻어 타도 운전수가 누구인지를 알아보기 마련인데, 이 몸을 수십 년이나 끌고 다니면서 주인공을 모르고 있으니 될 말인가?
 그러니 '마음·정신·혼' 등의 거짓 이름에 현혹되지 말고, 오로지 지극한 의심으로 이 '시심마' 화두를 들어 진짜 주인공을 찾고 체득해야 한다. 지극한 마음으로 의문을 던져보아라.

"보고 듣고 깨닫고 아는 주인공, 밥 먹고 옷 입고 대소변 보고 산송장 길 위에 끌고 다니는 주인공이 무엇인가?"
"이 몸 끌고 다니는 주인공이 무엇인가?"

"이 무엇고?"

"무엇고?"

" ? "

과연 무엇이 옷을 입고 밥을 먹고 대소변을 보는가?

❁

송나라 때의 대선사이신 대혜大慧스님의 제자로 도겸道謙이라는 승려가 있었다. 그는 20년 동안이나 참선을 하였지만 공부가 시원치 않았다. 얻은 바도 크게 없었고, 도가 무엇인지 도무지 캄캄할 뿐이었다. 그렇지만 열심히 선지식을 찾아다녔다.

어느 날 도반과 함께 선지식을 친견하러 가다가 문득 회의에 빠져들었다.

'20년 동안이나 신발 수십 자루가 닳아 없어지도록 선지식을 찾아다니며 수행을 하였건만, 얻은 것이라고는 아무것도 없다. 작년에도 그렇고

금년에도 그렇고, 어제도 그렇고 오늘도 그러한데, 내일이나 내년이라 하여 별수가 있겠는가? 먼 길을 떠나 선지식을 찾아 간들 다를 것이 무엇이랴. 또 그렇고 그럴 것이 아니겠는가?'

도겸스님은 가봐야 소용이 없을 것 같아 '가지 않겠다'고 작정하였는데, 막상 마음을 정하고 나니 따분하고 서럽고 비참한 생각이 들어 왈칵 눈물이 쏟아져 나왔다.

"왜 우노?"

함께 가던 도반인 종원宗元스님이 묻자, 도겸스님은 크게 낙심하여 입을 열었다.

"나는 안 간다. 여태껏 내가 공부를 하겠다고 20년 동안이나 이 산 저 산을 다니며 선지식을 많이 친견하였는데, 아무런 소득이 없었고 깨달음도 얻지 못하였다. 이번에 가봐야 다를 것이 무엇이겠느냐? 이제 그만 찾아다닐란다."

"네가 떠나자고 해놓고 지금 와서 안 간다고 하다니? 진짜 안 갈 것이냐?"

"그래."

"정말 그렇다면 내 말을 잘 들어라. 이제부터는 선지식을 찾겠다는 생각도 하지 말고, 네가 알고 있는 이론을 바탕으로 삼아 어떠한 궁리를 해서도 안된다. 오로지 너에게 있는 다섯 가지만 알고자 해보아라. 그것만 알면 된다."

"나에게 있는 다섯 가지? 그것이 무엇인데?"

"옷 입는 것, 밥 먹는 것, 대변보고 소변보는 것, 그리고 산송장을 실어서 길 위를 다니게 하는 것, 이렇게 다섯 가지다. 이것이 무엇인지를 알면 된다."

도반인 종원스님의 이 말이 떨어지기가 무섭게 도겸스님은 이 다섯 가지를 하는 진짜 주인공이 무엇인지에 몰두하여 삼매 속으로 들어갔고, 사흘 만에 활연히 깨달아 대도인이 되었다.

8

다시 한번 살펴보라.

여러분은 매일매일 옷을 입으면서도 옷 입는 놈을 모른다. 무엇이 들어서 능히 옷을 입고, 또 무엇이 들어서 능히 밥을 먹는가?

음식은 입이 먹는 것이 아니다. 음식을 씹어 삼키는 한 물건이 있는데 이것을 모른다. 또 무엇이 대소변을 보는지, 산송장을 길 위로 다니게 하는 이것이 무엇인지를 모른다.

이 다섯 가지가 무엇인가? 이것만 알면 모든 것이 해결된다.

화두 공부할 때 주의할 점

 진짜 주인공을 곧바로 찾아 들어가는 '이 무엇고' 화두는 자꾸 요리조리 머리를 굴려 따져보고 생각으로 헤아리거나, 관법觀法으로 보고자 해서도 아니 된다.
 또 의심을 불러일으키지 않고 '이뭣고, 이뭣고, 이뭣고' 하며 입으로만 열심히 외우는 이들도 있는데, 화두를 염불처럼 외우는 것은 바람직하지 않다.
 그리고 밥 먹을 때는 '밥 먹는 이것이 무엇인고?', 옷 입을 때는 '옷 입는 이것이 무엇인고?', 청소할 때는 '청소하는 이것이 무엇인가?', 걸을 때는 '걷는 이놈이 무엇인고?' 하면서 '이 무엇고' 화두를 드는 사람이 있는데, 이렇게 해서도 안 된다.

다만, 밥 먹고 옷 입고 앉고 서고 산송장 길 위에 끌고 다니는 이것 모두가 오로지 '이 무엇고'라는 의문 속에 함께 들리게끔 하여야지, 이것저것 나누고 요리조리 따지려 드는 것은 절대 금물이다.

또 몇 가지 주의할 점이 있다.

화두를 들 때는 무엇보다 먼저 냄새나는 마음을 쉬고 비울 줄 알아야 한다. 가령 병 속에 썩은 물이 있다고 하자. 그 썩은 물을 비우지 않는다면 어떻게 청정한 물을 병 속에 넣을 수 있겠는가?

자연, 우리의 마음이 망상으로 가득 차 있다면 도를 알기가 어렵다. 그러므로 어떠한 망상이 일어날지라도 이 망상과는 벗하지 말아야 한다.

수도하는 사람의 마음은 눈 속과 같이 맑아야 한다. 밥을 눈에 넣거나, 금·은·유리 등 칠보의

보배라도 그 가루를 조금만 눈에 넣으면 눈병이
생긴다. 달콤하기 그지없는 꿀도 눈에 넣으면 따
가워서 견딜 수가 없다. 이 세상의 어떤 귀한 물
건이라도 눈 안에는 들이면 안 된다.

　이렇게 망상이 없는 순수하고 깨끗한 마음으로
도를 닦아야 성공을 할 수가 있다.

　그리고 참선을 할 때는 '어서 공부를 성취해야
지', '화두를 빨리 깨쳐야지' 하여서는 안 된다.
이렇게 성급한 생각으로 공부를 하다 보면 돌이
킬 수 없는 병을 얻을 수도 있다. 곧 우리의 몸 가
운데 신장·간장·심장의 더운 불기운이 전부 위
로 올라가게 된다.

　걱정을 하든지 공부를 급히 성취하겠다고 조급
증을 내게 되면 불기운이 가슴으로 올라가고 그
기운이 다시 머리로 올라가면 공부는 더 이상 할
수가 없게 된다. 화두를 생각하기만 하면 머리가
아프니 어떻게 공부를 할 수 있겠는가? 이것이 참
선할 때 특히 주의해야 하는 상기병上氣病인 것이

다.

그러므로 화두에만 몰두할 뿐, 절대로 성취에 대한 조급증을 일으키면 안 된다.

또 더러는 참선을 하여 신통력神通力을 얻고자 하는 사람도 있고, 성현을 친견하겠다는 망상을 피우는 이도 있다.

이런 사람에게는 마구니들이 쉽게 접근한다. 때로는 마구니가 불보살의 모습을 나타내어 법문을 일러주기도 하고, 시키는 대로 할 것을 요구하기도 한다.

공부를 해나가다 보면 마음자리가 점점 맑아져서 환하게 밝은 기운이 돌게 되는데, 환한 광명이 나타나더라도 으레, '참선공부를 하다 보면 광명이 나타나기 마련이라고 하더라' 하면서 무시해 버리고, 계속 '이 무엇고' 등의 화두를 참구하여야 한다.

만약 이전에 없던 것이 나타났다고 하여 훤한 그것만 들여다보고 있으면 참선은 다 틀린 것이다.

 설혹 석가여래께서 나타나더라도 이 참선공부와는 아무런 관계가 없는 것임을 알아야 하고, 어떤 불보살이 나타나더라도 한 방망이 먹일 용기가 있어야 할 텐데, 부처가 나타났다고 하여 삿된 생각으로 절을 하거나 하면 광기에 휩쓸리고 그릇된 길로 나아가게 되는 것이다.

 선지식을 찾아가서 지도를 받아 가며 참선을 해야 함을 누누이 강조하는 까닭도 이러한 폐단 때문이다. 선지식은 길잡이이다. 산에 올라가는 길은 같이 올라가는 이에게 물어서는 안 된다. 산에서 내려오는 이에게 물어야 한다.
 같이 올라가는 처지에 그곳의 길이 어딘지, 험한지 순탄한지, 물이 어디에 있는지를 어떻게 알 수 있겠는가? 그래서 꼭대기에 올라가 본 선지식을 의지해서 공부를 해야 한다는 것이다.

화두 드는 법

 그럼 화두는 어떻게 들어야 하는가? 화두를 참구하는데 아주 절실한 비유가 있다. 예전 조사스님들은 이렇게 말씀하셨다.

 "이 공부는 화염 속에서 뛰쳐나오듯이 해야 하고, 머리에 붙은 불을 끄듯이 해야 하고, 천 길 되는 우물 속에 떨어진 사람의 마음과 같이 해야 하고, 고양이가 쥐를 잡듯이 해야 하고, 어미 닭이 알을 품어 병아리를 까는 것과 같이 해야 한다."

'불속에서 뛰어나오는 사람'과 '자기 머리에 붙은 불을 끄는 사람'은 무슨 딴 생각을 할 겨를도 없고 옆으로 돌아볼 여가도 없다. 빨리 불을 꺼 목숨을 구해야 하기 때문이다.

'천 길이나 되는 우물 속에 떨어진 사람'은 오욕락五欲樂이나 부모 형제를 생각할 겨를이 없다. 다만 '어떻게 하여야 샘 밖으로 나가 살아날 수 있나'하는 생각뿐이다. 아침부터 저녁까지, 또 저녁부터 아침까지 일천 생각이 모두 합쳐져서 오직 '이 샘에서 나갈 생각'만 하는 것이다.

'고양이가 쥐 잡듯이 하라'는 것은 무슨 뜻인가? 고양이는 가만히 앉아서 쥐가 어디서 오는지를 눈도 깜짝하지 않고 살피고 있다. 딴 생각이 들면 쥐를 못 잡기 때문에 아무런 잡념 없이 쥐가 오고 가는 것만을 보고 있다. 이 말은 화두만 들고 있어야지, 딴 생각이 거기에 들어오지 못하도록 하라는 것이다. 그렇게 있다가 쥐가 사정권 안에서 얼씬거리면 날쌔게 낚아챈다.

고양이는 미물이지만 죽어서 사람으로 태어나면 재주가 비상하다고 한다. 왜 그런가? 쥐를 잡느라고 분별식심分別識心이 가라앉았기 때문에 사람으로 태어나면 재주가 있다는 것이다. 이 공부를 하면 정신이 모든 것을 초월하게 되는데, 고양이 등의 짐승들이 식심을 맑히는 것과는 비교할 수가 없는 것이다.

'어미 닭이 알을 품어 병아리 까듯이 하라'는 말은 특히 화두를 드는 요긴한 방법이다. 옛 조사스님은 이 말에 대해 해설을 남기지 않았는데, 이를 자세히 생각해보니 참으로 절묘한 뜻이 담겨 있었다.

닭은 성질이 조용하지 못하여 계속해서 입으로는 흙을 쪼고 발로는 땅을 긁는다. 그러나 암탉에게 알을 안겨 놓으면 고요하기 그지없다. 아무 생각 없이 앉아 눈만 꿈벅꿈벅하며 달걀을 품고, 몸의 더운 기운을 끊임없이 알에 전할 뿐이다.

그렇게 성질이 급하던 닭이 건만, '병아리를 속히 까야겠다', '어찌 속히 안 나오는가?'는 등의 생각도 걱정도 하지 않는다. 다만 더운 기운을 21일 동안 지속시키다가, 완전히 병아리가 되었음을 느끼는 순간 달걀 껍질을 딱 쪼으면 병아리가 '삐약'하며 나오는 것이다.

화두를 참구하는 이들도 어미 닭이 달걀에 더운 기운을 전하듯이 꾸준히 이 화두를 들고 나아갈 뿐, 거기다가 해석을 붙이거나 따져서는 안 된다.

경을 많이 보았거나 학문을 많이 닦은 사람에게 화두를 일러주면 참구는 하지 않고 요리조리 따지려 드는데, 이렇게 하면 점점 멀어질 뿐이다. 이 화두의 답을 말과 글에서 찾으려 하는 것은 수은을 풀밭에 흩어놓고 다시 주우려는 것과 마찬가지일 뿐이다.

닭이 알을 품고 더운 기운만 계속 유지하여 주면 병아리가 깨어나듯이, 화두에 대해 의심을 일으켜 계속 끌고 나아가면 마침내 깨어날 수 있는데도, 이리저리 맞추고 분별하기 때문에 점점 더

멀어진다.

참선을 하는 까닭은 생사生死를 해탈하고자 함인데, 사람이 태어났다가 죽는 것만이 생사가 아니다. 한 생각 일어났다가 없어지는 것도 생사요 생멸生滅이다. 곧 한 생각 속에 생멸이 있는 것이다.

처음 공부를 할 때는 한 생각 일어났다가 한 생각 멸하던 것이, 오래오래 하다 보면 그런 생멸심이 뚝 끊어진다. 전념후념前念後念, 곧 앞생각 뒷생각이 뚝 끊어지는 것이다.

앞생각이 뒷생각을 끌어들이고 뒷생각이 앞생각을 끌어들여서, 서로 밀고 당기던 앞뒤 생각이 뚝 끊어진다. 그것을 비로소 '고요할 적寂'이라 한다. 이 이름도 꼭 맞는 말은 아니지만…. 적적寂寂한 삼매에 들어가는 것이다.

생사를 초월하는 이 참선공부는 밥 먹을 때에나, 가나 오나 앉으나 누우나 한결같이 쉬지 않고 물 흐르듯이 해야 되는데, 요즘 수행하는 이들을 보면 그저 앉아서 졸다가 선방을 나와서는 이야기하기에 바쁘다. 그렇게 방심을 하다가는 적적한 삼매에 절대로 들어가지 못한다.

예전에 어떤 노장이 천수대비주千手大悲呪를 하는데, "나모라 다나다라 야야 나막알약 바로기제 새바라야……" 하며 외우다가 시봉을 불러 "애야, 밥 촉촉하게 해라.", "나모라 다나다라… 애야 튀김해라.", "나모라 다나다라… 애야 된장국 끓여라."

자꾸 이러다가 한 번도 제대로 끝을 못 마쳤다는 이야기가 있다.

이 노장이 천수대비주의 끝을 보지 못한 것처럼, '이 무엇고' 하다가 생기는 망상들을 따라다니다가는, 화두가 잡히기도 하고 화두가 도망가 버리기도 하는 상태에 빠지게 된다.

참선을 하든 염불을 하든 경전을 보든, 불교공부는 오로지 자기의 신심과 정성을 들인 만큼 진취가 있기 마련이다.

❀

예전에 어떤 선비가 제자에게 일러주었다.

"『맹자(孟子)』를 삼천 번만 읽으면 글 문리가 '탁'하고 터진다. 삼천독을 해라."

제자는 『맹자』를 짊어지고 산중에 들어가서 삼천 번을 읽었다. 하지만 탁 소리가 나지 않았다. 하여, 스승님에게 편지를 썼다.

"스승님, 맹자를 삼천 번 읽어도 탁하는 소리가 들리지 않습니다. 스승님 말씀이 틀렸는지요? 제자는 당황스럽고 의혹이 큽니다."

스승이 편지를 보니 제자의 문장이 처음 산에 들어갈 때와는 비교할 수도 없을 만큼 빼어난 것이 아닌가. 그래서 스승이 답하였다.

"자네는 맹자를 삼천 번 읽으면 '탁'하는 소리가 정말 나는 줄 아는 모양인데, 탁하는 소리가 따로 있는 것이 아닐세. 지금 편지글 지은 솜씨가 바로 '탁'하는 소리이니, 이제 그만 돌아오게나."

화두를 계속 들어 가나 오나 앉으나 서나 일여一
如해지고, 꿈 가운데나 깨어 있을 때나 일여해지
면, 홀연히 어떤 경계를 보든지 어떤 소리를 듣게
될 때 불꽃같이 일어나던 그 의심 덩어리가 확 녹
아진다. 불꽃같이 일어나던 의심 덩어리가 확 녹
아지고는 참된 주인공이나 '부모미생전 본래면목
父母未生前本來面目'을 분명히 알게 되는 것이다.

　호흡만 떨어지면 죽게 되고, 죽으면 곧 내생來生
이다. 우리가 사는 것이 전부 남의 다리 긁는 것과
같은 것이니, 나를 내 뜻대로 하려면 나의 진짜 주
인공을 찾아야 하고, 나의 진짜 주인공을 찾으려
면 '이 무엇고' 화두를 통하여 정신을 통일해야 한
다.
　우리들의 생활은 무척이나 바쁘고 고되다. 하
지만 아무리 바쁘더라도 주인공을 찾아 보겠다는
생각만 있으면 정신통일을 시도해 보는 것이 그

렇게 어려운 것만은 아니다.

하루 한 시간 또는 30분이라도 좋으니, 조금씩 매일 화두를 들어 보라. 자신도 모르게 강한 집중력이 생겨나게 된다.

정신이 집중되면 비록 견성성불見性成佛은 못하더라도, 관찰력과 판단력이 빨라지고 기억력이 좋아지고, 하찮은 생각이 바른 생각으로 돌아서고, 몸에 병이 없어지고, 맑은 지혜가 나서, 사농공상士農工商의 경영하는 모든 일들이 다 잘 되게끔 되어 있다.

'이 무엇고' 화두 참선법은 곧바로 나의 참된 주인공을 찾아 들어가는 공부이다. 이 공부야말로 나의 진짜 공부이니, 요긴히 마음을 다잡아 애써 공부를 짓기를 간곡히 청하는 바이다.

"할〔喝〕."
하시고 법좌에서 내려오시다.

경봉대종사鏡峰大宗師 연보

스님의 속명은 용국鏞國, 법명은 정석靖錫,
시호는 원광圓光이며, 경봉은 법호法號이시다.

광주 김씨廣州金氏로 아버지는 영규榮奎, 어머니는 안동 권씨安東權氏이며, 1892년 4월 9일 경남 밀양군 부내면 계수동(서부리)에서 태어나셨다.

1905년(14세)까지 밀양군 서부리 죽하재竹下齋의 강달수姜達壽 선생 문하에서 『사서삼경』을 배워 마쳤다.

1906년 8월 4일에 모친상을 당하자 인생의 무상함을 절감하고 생멸이 없는 법을 찾고자 결심한 뒤, 이듬해 6월 9일 양산 통도사에서 성해화상聖海和尙을 은사로 삭발 득도得度하였다.

1907년(16세) 10월 30일 청호화상淸湖和尙으로부터 사미계沙彌戒를 받았고, 1910년 명신학교를 졸업, 20세인 1911년 부처님오신날에 해담화상海曇和尙으로부터 보살계와 비구계를 받았다.

1914년 통도사 불교전문강원에 입학하여 대교과大敎科를 수료하였으며, 이때『화엄경』을 만해卍海스님에게서 배웠다.

1915년(24세) 통도사를 떠나 전국의 유명 선원인 해인사 퇴설당堆雪堂, 금강산 마하연摩訶衍, 석왕사 내원선원內院禪院 등에서 수선修禪. 다시 통도사로 돌아와 안양암에서 피나는 정진을 하여 선정력禪定力을 얻었다.

1927년(36세) 통도사 극락선원에서 삼칠일(21일) 화엄산림법회華嚴山林法會를 개설하여 용맹정진하던 중, 12월 13일 오전 2시 30분 촛불이 춤추는 것을 보고 활연히 대오大悟하였다.

이후 1932년(41세) 통도사 불교전문강원 원장, 1935년 대본산 통도사 주지, 1942년 재단법인 조선불교 중앙선리참구원 이사장, 1945년 재단법인 선학원 이사장, 1946년 불교혁신총연맹본부 위원장 등을 역임하였으며, 1950년 밀양 무봉선원으로 은거하여 수년 동안 주석하였다.

1953년(62세) 2월 30일 좌선을 하다가 심불방광처心佛放光處를 체득하였고, 그해 11월에 통도사 극락호국선원 조실祖室로 추대된 이후 열반의 그날까지 30년을 극락암에 주석하시며 후학들을 지도하였다.

1973년(82세) 매월 첫 번째 일요일 정기법회를 열어 화연化緣을 마치던 해까지 90 노령에도 시자의 부축을 받으며 법좌에 오르니 청중은 언제나 수천명에 이르렀다.

1982년(91세) 7월 17일(음력 윤5월 27일), 미질을 보이던 중, "스님 가시면 보고 싶습니다. 어떤 것이 스님의 참모습입니까." 하고 묻는 시자에게, "야반삼경夜半三更에 대문 빗장을 만져 보거라"는 말씀을 남기고 열반에 드셨다.

저서로는 법어집『법해 法海』와『속법해 續法海』, 한시집『원광한화 圓光閒話』, 유묵집『선문묵일점 禪門墨一點』, 서간집『화중연화소식 火中蓮花消息』, 일지『삼소굴일지 三笑窟日誌』등이 있다.

기도 및 영가천도의 지침서

광명진언 기도법 / 일타스님·김현준　　　　신국판　176쪽　6,000원

광명진언 기도를 널리 펴고자 일타스님과 김현준 원장이 함께 저술한 책. 광명진언 속에 새겨진 참의미와 바른 기도법, 빠른 기도성취법 등을 자상하게 설하고, 유형별 기도성취 영험담을 다양하게 수록하였으며, 누구나 보기 쉽도록 큰활자로 발간하였습니다. 광명진언을 외우면 행복과 평화, 영가천도, 소원성취를 이룰 수 있습니다.

기도 / 일타스님　　　　　　　　　　　　신국판　240쪽　8,000원

총 6장 52편의 다양한 기도 영험담으로 엮어진 이 책을 읽다보면 기도를 통해 틀림없이 부처님의 가피를 입을 수 있음을 확신할 수 있게 되고, 올바른 기도법과 함께 기도성취의 지름길을 알 수 있게 됩니다.

기도성취 백팔문답 / 김현준　　　　　　신국판　240쪽　8,000원

기도에 대한 정의·기도와 믿음·업장소멸의 방법·꾸준한 기도의 효험·원을 세우는 법·축원법·각종 기도가피와 기도성취의 시기·성취를 위한 하심법下心法 등 기도에 관한 궁금증들을 문답형식으로 자상하게 풀이하였습니다.

참회와 사랑의 기도법 / 김현준　　　　　신국판　192쪽　6,500원

총 84가지 문답을 통하여 참회의 정의에서부터 참회기도를 해야하는 까닭, 절을 통한 참회법·염불참회법·주력참회법·가족을 향한 참회법, 기도 축원의 구체적인 내용 및 자비의 기도가 갖는 효과, '백중과 영가천도'등에 대해 아주 상세하게 설명하고 있습니다.

참회·참회기도법 / 김현준　　　　　　　신국판　160쪽　5,500원

참회의 참된 의미, 절·염불을 통한 참회법, 참회인의 마음가짐, 이참법 등을 영험담들과 함께 감동 깊게 엮은 책으로, 참회를 통해 행복하고 자유로운 삶을 사는 방법을 열어주고 있습니다.

불교의 자녀사랑 기도법 / 김현준　　　　신국판　160쪽　5,500원

사랑하는 자녀들을 가장 잘 사랑할 수 있는 방법을 부처님의 가르침에 의지하여 정립하고 생활화한 책입니다. 이 책의 가르침을 따라 자녀를 사랑하고 기도해보십시오. 우리의 자녀들이 뜻하는 바 소원을 성취하고, 행복과 평화를 누릴 수 있게 될 것입니다. 부록으로 부모님께 효도하여야 하는 까닭과 방법도 수록하였습니다.

참회〈신간〉 / 김현준　　　　　　　　　　4×6판　160쪽　5,000원

참회의 원리와 공덕, 절·염불·주력을 통한 참회법, 간단하면서도 효과가 큰 오회참법, 자비축원의 참회, 이참법, 원효대사의 대승육정참회 등을 감동 깊게 엮은 책으로, 참회를 통해 깨달음을 이루고 자유로운 삶과 행복하게 사는 방법 등을 일러주고 있습니다.

법보시를 원하시는 분은 출판사로 연락 주십시오. 할인혜택을 드립니다.
전화 02-587-6612, 582-6612 팩스 02-586-9078

신묘장구대다라니 기도법 / 우룡스님·김현준   신국판 208쪽 7,000원
신묘장구대다라니를 외우면 생겨나는 가피와 공덕, 기도의 방법과 주의할 점, 우룡스님이 들려주는 14편의 영험담, 대다라니의 근본경전인『무애대비심다라니경』을 수록하고 있는 이 책을 읽고 자신있게 기도하면 심중소원의 성취와 기적같은 체험도 할 수 있습니다.

기도 성취의 지름길 / 우룡스님   4×6판 160쪽 4,500원
가족을 위한 기도와 기도 성취의 원리에 초점을 맞춘 감동적인 기도법문입니다. 제1부「가족 행복을 위한 기도」에서는 가족을 향한 참회와 절의 필요성, 3배 기도의 큰 영험에 대해 일러주고 있으며, 제2부「빠른 기도 성취의 길」에서는 믿음과 정성이 뒤따라야 기도 성취를 잘할 수 있고, 기도의 고비를 잘 넘겨야 능히 행복과 대해탈의 문이 열린다는 것을 많은 이야기를 곁들여 설하고 있습니다.

기도 이야기 / 우룡스님   신국판 204쪽 7,000원
"스님, 기도로 소원을 성취할 수 있습니까?" 총 6장 45편의, 참으로 재미있는 기도성취 영험담이 수록된 이 책을 읽고 기도를 하면, 불보살님과 통하는 감응의 길이 열리면서 심중소원을 빨리 성취하게 됩니다. 또한 이야기 끝에 붙인 큰스님의 해설은 기도의 방법을 쉽게 터득할 수 있도록 이끌어줍니다.

영가천도 / 우룡스님   신국판 160쪽 5,500원
영가의 장애를 느끼십니까? 돌아가신 영가를 영가를 제대로 천도해 드리지 못했습니까? 영가천도의 필요성과 기본자세, 염불·독경·사경을 통한 영가천도, 49재, 낙태아 천도 등 영가천도에 관한 궁금증 및 천도의 방법을 우룡스님의 자세한 법문으로 풀어드립니다.

관음신앙·관음기도법 / 김현준   신국판 240쪽 8,000원
관세음보살의 구원 능력, 주요 경전 속의 관음관, 11면관음·천수관음·32응신·33관음 등 자비관음의 여러 가지 모습, 일심칭명 일념염불의 관음기도법, 독경 사경 기도법, 다라니 염송 기도법 등을 자세하고도 알기 쉽게 풀이하였습니다.

미타신앙·미타기도법 / 김현준   신국판 160쪽 5,500원
아미타불의 참 모습에서부터 극락에서 누리는 행복, 칭명염불·오회염불·관상염불·천도염불 등의 각종 염불수행법과 함께 임종하는 이를 위한 의식과 49재 기간의 행법 등을 자세히 밝히고 있습니다.

지장신앙·지장기도법 / 김현준   신국판 192쪽 6,500원
지장신앙 속에는 영가천도뿐만이 아니라 현세에서의 행복과 깨달음, 성불의 비결까지 간직되어 있습니다. 이러한 지장신앙의 여러 측면과 함께 생활 속에서 할 수 있는 지장기도법을 자세히 밝혀놓았습니다.

알기 쉬운 경전 해설서

생활 속의 반야심경 / 김현준　　　　　　　　　　신국판　240쪽　8,000원
공空의 의미, 모든 괴로움의 원인과 괴로움에서 벗어나는 방법, 색즉시공 공즉시색의 참 뜻, 걸림 없고 진실불허한 삶을 이루는 방법 등을 반야심경의 경문을 따라 쉽고 상세하고 재미있게 풀이하고 있습니다.

화엄경 약찬게 풀이 / 김현준　　　　　　　　　　신국판　216쪽　7,000원
불자들이 자주 독송하는 화엄경약찬게! 화엄경약찬게를 그냥 읽으면 참으로 어렵고 무슨 내용인지 알 수 없지만 이 풀이를 본 다음에 읽으면 약찬게를 명확히 파악할 수 있게 될 뿐 아니라 화엄경의 내용까지 꿰뚫어 환희심이 샘솟고 대화엄의 세계에서 노닐 수 있게 됩니다.

생활 속의 천수경 (개정판) / 김현준　　　　　　　신국판　240쪽　8,000원
천수관음이 출현하신 까닭, 천수관음을 청하는 법과 가피를 얻는 법, 신묘장구대다라니의 풀이와 공덕, 찬탄의 공덕과 참회성취의 비결, 준제기도 및 주요 진언 속에 깃든 의미, 여래 십대발원문 사홍서원 삼귀의 의미 등을 상세히 풀이하였습니다.

생활 속의 금강경 / 우룡스님　　　　　　　　　　신국판　304쪽　9,000원
금강경의 심오한 내용을 알기 쉽게 풀이하고 일상생활과 접목시켜 강설함으로써 삶의 현장에서 금강경의 가르침을 능히 응용할 수 있도록 하였고, 감동을 주는 일화들을 많이 삽입하여 재미를 더해주고 있습니다.

생활 속의 관음경 / 우룡스님　　　　　　　　　　신국판　240쪽　8,000원
관세음보살보문품인 관음경을 통하여 관세음보살의 본질, 일심칭명과 재난 소멸법, 공경 예배와 소원 성취법, 관세음보살을 관하는 법 등에 대해 여러 가지 경험담과 함께 감동적으로 풀이하고 있습니다.

생활 속의 보왕삼매론 / 김현준　　　　　　　　　신국판　240쪽　8,000원
『보왕삼매론』을 해설한 이 책은 병고 해탈, 고난 퇴치, 마음공부와 마장 극복, 일의 성취, 참사랑의 원리, 인연 다스리기, 공덕 쌓는 법, 이익과 부귀, 억울함의 승화 등 누구나 인생 살이에서 겪게 되는 장애들을 속 시원하게 뚫어주고 있습니다.

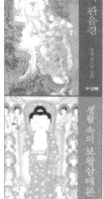

천지팔양신주경 사경 (1책으로 3번 사경)　　　　4×6배판　112쪽　4,500원
옛부터 건축·결혼·출산·사업·죽음 등 평생의 삶 중에서 중요한 때마다 읽고 쓰면 크게 길하고 이롭고 장수하고 복덕을 갖추게 된다고 전해지고 있습니다.

부모은중경 사경 (1책으로 3번 사경)　　　　　　4×6배판　112쪽　4,500원
부처님께서는 부모님의 은혜를 새기면서 이 경을 쓰게 되면 그 어떤 행보다 큰 공덕이 생겨난다고 하였습니다. 정성 들여 사경하면 뜻하는 바가 이루어집니다.

보왕삼매론 사경 (1책으로 50번 사경)　　　　　4×6배판　120쪽　4,500원
보왕삼매론을 사경하면 재앙이 소멸됨은 물론이요 생활 속의 걸림돌이 디딤돌로 바뀌고 고난이 사라져 하루하루가 편안해집니다.

보현행원품 한글사경 (1책으로 3번 사경)　　　　4×6배판　120쪽　4,500원
행원품을 사경하면 자리이타의 삶과 업장 참회, 신통·지혜·복덕·자비 등을 빨리 이룰 수 있고 세세생생 불법과 함께하며 보살도를 성취할 수 있습니다.

약사경 한글사경 (1책으로 3번 사경)　　　　　　4×6배판　112쪽　4,000원
약사경을 사경하면 약사여래의 가피가 저절로 찾아들어, 병환의 쾌차, 집안 평안, 업장소멸을 비롯한 갖가지 소원을 쉽게 성취할 수 있습니다.

영험 크고 성취 빠른 각종 사경집 (책 크기 4×6배판)

광명진언 사경 (가로쓰기:1080번 사경)　　　　128쪽　5,000원
광명진언 사경 (세로쓰기:1080번 사경)　　　　128쪽　5,000원
눈으로 보고 입으로 외우고 손으로 쓰고 마음으로 새기는 광명진언 사경은 크나큰 성취를 안겨줍니다.

금강경 한글사경 (1책으로 3번 사경)　　　　　144쪽　5,500원
금강경 한문사경 (1책으로 3번 사경)　　　　　144쪽　5,500원
금강경 한문한글사경 (1책으로 1번 사경)　　　100쪽　4,000원
요긴하고 으뜸된 경전인 금강경을 사경해 보십시오. 업장소멸과 함께 크나큰 깨달음과 좋은 일들이 저절로 다가옵니다.

아미타경 한글사경 (1책으로 7번 사경)　　　　116쪽　4,500원
살아 생전 또는 부모나 가까운 분이 돌아가셨을 때 이 경을 쓰면 극락왕생이 참으로 가까워집니다.

반야심경 한글사경 (1책으로 50번 사경)　　　 116쪽　4,500원
반야심경 한문사경 (1책으로 50번 사경)　　　 116쪽　4,500원
반야심경을 사경하면 호법신장이 '나'를 지켜주고, 공의 도리를 깨달아 평화롭고 안정된 삶이 함께 합니다.

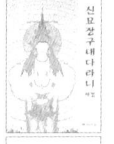
신묘장구대다라니 사경 (50번 사경)　　　　　 116쪽　4,500원
대다라니를 사경하면 관세음보살님과 호법신장들이 '나'와 주위를 지켜주고 소원성취와 동시에, 행복하고 자비심 가득한 마음을 가질 수 있도록 해줍니다.

천수경 한글사경 (1책으로 7번 사경)　　　　　112쪽　4,500원
천수경을 사경하고 독송하면 천수관음의 가피가 저절로 찾아들어, 업장 및 고난의 소멸과 갖가지 소원을 쉽게 성취할 수 있습니다.

관음경 한글사경 (1책으로 5번 사경)　　　　　112쪽　4,500원
관음경을 사경하면 늘 행복이 함께하며, 학업성취·건강쾌유·자녀의 성공·경제문제 등에도 영험이 매우 큽니다.

지장경 한글사경 (1책으로 1번 사경)　　　　　144쪽　5,500원
지장경을 사경하고 독송하면 영가천도는 물론이요, 각종 장애가 저절로 사라지고 심중의 소원이 성취됩니다.

아미타불 명호사경 (1책으로 5,400번 사경)　　160쪽　6,000원
'나무아미타불'과 '아미타불'을 오회염불법에 따라 외우고 쓰는 특별한 명호사경집입니다. 집중력을 더하여, 심중 소원 성취에 큰 도움을 줍니다.

관세음보살 명호사경 (1책으로 5천4백번 사경)
지장보살 명호사경 (1책으로 5천번 사경)　각 권 108쪽　4,500원
'관세음보살'이나 '지장보살'의 명호를 쓰면서 입으로 외우고 마음에 새기면, 관세음보살님과 지장보살님의 가피를 입어 몸과 마음이 큰 변화를 이루고, 마음속의 원을 능히 성취할 수 있습니다.

많이 찾는 기도 독송용 경전

한글 『법화경』과 『법화경 한글사경』

불교 최고 경전인 법화경! 이 경을 독송하고 사경해 보십시오.
소원성취는 물론 깨달음과 경제적인 풍요까지 안겨줍니다.

법화경 (독송용) 김현준 역   4×6배판 총 22,000원
전3책 제1·2책 176쪽 7,000원 제3책 192쪽 8,000원
양장본 전1책 25,000원

법화경 한글사경 김현준 역 4×6배판 총 22,500원
전5책 각권 120쪽 내외 권당 4,500원

지장경 김현준 편역   4×6배판 208쪽 8,000원

이 책은 지장기도를 하는 분들을 위해 ① 지장경을 처음부터 끝까지 1번 독송,
② '나무지장보살'을 천번염송,   ③ 지장보살예찬문을 외우며 158배,
④ '지장보살' 천번 염송의 4부로 나누어 특별히 만들었습니다.
　　지장경 독경 및 지장보살예참과 염불을 할 때, 각 장 앞에 제시된 기도법에 따라
기도를 하면, 영가천도·업장소멸·소원성취·향상된 삶을 이룩할 수 있습니다.

자비도량참법 / 김현준 역   양장본 528쪽 25,000원

참되이 참회하시기를 원하십니까? 자비도량참법 기도를 하면 나의 허물과 죄업의
참회에서 시작하여 부모 스승 친척 등 육도 속을 윤회하는 온 법계 중생의 업장과
무명까지 모두 소멸시켜주며, 자비가 충만해지고 환희심이 넘쳐나게 됩니다.

원각경 / 김현준 편역   4×6배판 192쪽 8,000원

한국불교의 근본 경전인 원각경을 수십 차례 번역·수정·윤문하여 쉽게 이해할 수 있도록 하
였습니다. 한글과 원문을 바로 옆에 두어 대조하며 읽을 수 있습니다.

유마경 / 김현준 역   4×6배판 296쪽 12,000원

보살의 병, 불도란 어떤 것인가? 깨달음의 세계로 들어가는 불이법문, 참된 불국토를 건설하는
방법 등등 매우 소중한 가르침들을 가득 담고 있는 이 경을 읽다보면 마음이 탁 트입니다.

승만경 / 김현준 편역   4×6배판 144쪽 6,000원

여인의 성불 수기와 함께 승만부인의 서원, 정법·번뇌·법신·일승·사성제·자성청정심·여
래장사상 등을 분명히 밝힌 보배로운 경전입니다.(한글 한문 대조본)

보현행원품 / 김현준 편역   4×6배판 112쪽 4,500원

행원품과 예불대참회문을 함께 실어 독경 후 행원품에 근거한 정통 108배를 행할 수 있도록
만들었으며, 독송 방법과 대참회의 의미 등도 상세히 설명하였습니다.

밀린다왕문경 / 김현준 편역   신국판 204쪽 7,000원

그리스 왕인 밀린다와 불교 승려인 나가세나가 인생과 불교에 대해 대론한 것을 정리한 경전.
윤회·업·수행·지혜·해탈 등에 대한 조리정연한 번역이 신심을 더욱 불러일으킵니다.

● 아름다운 우리말 경전 시리즈 ●

〈가지고 다니면서 틈틈이 읽게 되면 독송과 기도에 큰 도움이 됩니다〉

유교경 (신간) / 일타스님·김현준 역   국반판 100쪽 2,000원
부처님의 간절한 마지막 가르침을 담은 매우 소중한 경전.

금강경 / 우룡스님 역   국반판 100쪽 2,000원
'금강경을 우리말로 보급하겠다'는 원력에 의해 제작된 책.

관음경 / 우룡스님 역   국반판 100쪽 2,000원
관음경의 번역과 함께 관음기도와 염불법에 대해 자세히 설한 책.

보현행원품 / 김현준 편역   국반판 100쪽 2,000원
보현보살의 십대원을 설하여 참된 보살의 길로 이끌어주는 책.

약사경 / 김현준 편역   국반판 100쪽 2,000원
한글 번역과 함께 약사기도법과 약사염불법에 대해 자세히 설한 있는 책.

지장경 / 김현준 편역   국반판 196쪽 3,500원
편안한 번역으로 쉽게 이해할 수 있도록 하였으며, 기도법도 자세히 수록한 책.

부모은중경 / 김현준 역   국반판 100쪽 2,000원
부모님의 은혜를 느끼며 기도를 할 수 있게 엮은 책.

초발심자경문 / 일타스님 역   국반판 100쪽 2,000원
신심을 굳건히 하고 수행에 대한 마음을 불러일으키게끔 하는 책.

법요집 / 불교신행연구원 편   국반판 100쪽 2,000원
법회와 수행 시에 필요한 각종 의식문, 좋은 몇 편의 글들을 수록한 책.

금강경 / 우룡스님 역   4×6배판 112쪽 4,500원
책 크기만큼 글씨도 크게 하고 한자 원문도 수록하였으며, 독송에 관한 법문도 첨부하였습니다. 사찰 및 가정에서의 독송용으로 매우 좋습니다.

약사경 / 김현준 편역   4×6배판 100쪽 4,000원
아주 큰 활자로 약사경 한글 번역본을 만들었습니다. 약사경 독경 방법 및 약사염불법도 함께 실어 기도에 도움이 되도록 하였습니다.

관음경 / 우룡스님 역   4×6배판 100쪽 4,000원
커다란 글씨의 관음경 해설과 함께 관음경의 원문과 독송법, 관음 염불 방법 등을 수록하여 관음경의 가르침을 쉽게 이해하도록 하였습니다.

아미타경 / 김현준 편역   4×6배판 92쪽 3,500원
아주 큰 활자 번역본으로, 독경 및 '나무아미타불' 염불 방법을 함께 실었습니다. 사찰에서 대중이 함께 독송할 때 또는 집에서 독송할 때 매우 유용합니다.

무량수경 / 김현준 역   4×6배판 176쪽 7,000원
아미타불은 어떠한 분이며, 극락에는 어떠한 장엄과 멋과 행복이 갖추어져 있는가? 극락에 왕생하려면 이 현생에서 어떠한 삶을 살아야 하는가를 자상하게 묘사하고 있어, 독송을 하면 신심이 저절로 우러납니다.

큰스님의 스테디셀러

✿

뭐가 그리 바쁘노(경봉대선사 일화집) / 김현준 엮음
삶! 이렇게 살아라, 좌절에 빠진 이들에게, 일상 속의 스님 모습 등 총 8장 73가지 일화를 담은 이 책 속에는 우리의 정신을 번쩍 깨어나게 하고 새로운 기운을 불러 일으키는 일화들을 비롯하여, 스님께서 제자·시자·신도·수행승들과 함께한 일상 생활 속의 참모습들이 생생하게 묘사되어 있습니다. 4×6판 180쪽 5,000원

부드러운 말 한마디 미묘한 향이로다 / 일타스님   240쪽 8,000원
일타스님 대표 법문집. 삶의 이유, 복된 삶 이루는 방법, 보시와 지계, 도 닦는 법, 지혜성취법 등의 맑고 주옥같은 법문을 수록하여 읽는 이들에게 행복의 세계로 향하는 문을 열어주고 있습니다.

불자의 마음가짐과 수행법 / 일타스님   신국판 192쪽 6,500원
불자들이 큰 행복과 대자유를 얻기 위해서는 어떠한 마음가짐으로 살아야 하며, 참선·염불·간경·주력의 불교 4대 수행법을 어떻게 닦아야 하는가를 갖가지 비유를 들어 자상하게 설하고 있습니다.

불교신행의 주춧돌 / 우룡스님   신국판 240쪽 8,000원
신행생활 속에서 자주 겪게 되는 시행착오를 미리 피하고, 올바른 정진을 하여 깨달음의 세계로 나아가는데 꼭 필요한 마음가짐과 신행방법 등을 자상한 문체와 일화들로 알기 쉽게 엮었습니다.

정성 성誠이 부처입니다 / 우룡스님   신국판 240쪽 8,000원
'정성 성'이 부처요, 모든 것이 부처님 하는 일. 대우주와 하나되는 삶, 마음 단속과 마음 열기, 마음 다스리기, 번뇌와 업장을 비우는 방법 등을 쉽게 일러주고 있습니다.

육조단경(덕이본德異本) 증보개정판 / 김현준 역   4X6배판 208쪽 8,000원
육조 혜능대사께서 설한 선종의 근본 경전으로, 인간의 참된 본성을 보게 하여 마음을 치유하고 깨달음을 열어줍니다. 계속 정독하면 영성이 깨어나고 대자유인이 될 수 있습니다. 증보개정판을 내면서 한글 번역 옆에 한자 원문을 붙여 뜻을 잘 이해할 수 있도록 하였으며, 글씨를 조금 더 크고 뚜렷하게 하여 읽기 좋도록 하였습니다.

선가귀감 / 서산대사 저 김현준 역   4X6배판 136쪽 6,000원
조선시대 최고의 고승인 서산대사께서 선禪에 대한 다양한 가르침을 중심에 두고 참회·염불·계율·육바라밀·도인의 삶 등을 간절하게 설하여 불자들의 신심과 정진에 큰 도움을 주는 소중한 책입니다. 읽으면 읽을수록 쾌락함과 깊은 맛을 느낄 수 있습니다.   (한글 한문 대조본)